HISTOIRE POPULAIRE

DE

LA COMMUNE

DE PARIS EN 1871

PAR AUGUSTE VIDIEU

PARIS

TYPOGRAPHIE LAHURE

9, RUE DE FLEURUS, 9

—

1877

HISTOIRE POPULAIRE

DE

LA COMMUNE

DE PARIS EN 1871

HISTOIRE POPULAIRE

DE

LA COMMUNE

DE PARIS EN 1871

PAR AUGUSTE VIDIEU

PARIS

TYPOGRAPHIE LAHURE

RUE DE FLEURUS, 9

—

1877

PRÉFACE

Il y a six ans à peine, un des plus effroyables drames que l'humanité ait jamais vus s'est développé et dénoué à Paris; une association d'obscurs scélérats, grossie par un ramassis d'étrangers sans aveu, a pris possession de la capitale, en a chassé le gouvernement de la France, sous l'œil de l'ennemi, s'est plongée pendant deux mois dans l'ivrognerie et dans le sang, a massacré nos prêtres, nos religieux, nos magistrats et un grand archevêque, a incendié Paris, perdu sous la flamme et la mitraille.

Pour venir à bout de cette ignoble émeute, il a fallu répandre à flots le sang des soldats; pour sauver les derniers édifices et les quelques otages survivants, il a fallu exterminer une partie de cette race furieuse.

Aujourd'hui nos plus illustres monuments étalent encore leurs ruines; nos pavés portent peut-être encore des traces de sang : on n'a pas encore effacé sur nos maisons la cicatrice des boulets et des balles; l'armée de la Commune est encore prête dans nos faubourgs à obéir à ses chefs, presque tous sains et saufs à Londres ou à Genève; une presse infâme annonce chaque jour « la revanche de la Commune » et nous avons tout oublié.

La France descendait gaiement le courant qui la ramenait à l'abîme de 1871. Paris a failli se mettre en colère contre le maréchal de France qui, après l'avoir sauvé de l'incendie et du fer en 1871, a voulu prévenir le retour d'un pareil désastre.

Il faudrait que l'histoire de la Commune fût mise entre les mains du dernier paysan, du plus chétif enfant de la dernière paroisse de France.

Après le catéchisme, il n'y aurait rien

de plus instructif pour notre siècle. On y verrait où mènent le déchaînement de tous les vices et l'expérience de toutes les utopies modernes. Et quand on rirait du catéchisme et du *Syllabus*, le plus humble paysan répondrait : la Commune !

M. Vidieu a écrit pour la postérité l'histoire de la Commune de 1871. Dans son livre on puisera les documents, les pièces, la chronique de cette étrange période. Mais le livre populaire, le manuel définitif de la Commune reste à faire. On pourrait le tirer du livre de M. Vidieu. Il faudrait un simple récit, calme, net; l'infamie parlerait d'elle-même plus haut que tous les commentaires.

Une édition populaire, simplifiée, abrégée du livre de M. Vidieu aidera puissamment la salutaire action du gouvernement du maréchal.

HENRY DES HOUX.

(Extrait du journal *la Défense*, 30 juin 1877.)

HISTOIRE POPULAIRE

DE LA

COMMUNE DE PARIS

EN 1871

PREMIÈRE PARTIE

ORIGINES ET DÉBUTS DE LA COMMUNE

CHAPITRE PREMIER

ORIGINES DE LA COMMUNE

De l'Internationale. — Causes plus immédiates du 18 mars : capitulation de Paris ; négligence du Gouvernement.

I

La Commune n'a pas été une explosion subite des passions mauvaises. Ce n'est pas dans l'espace de deux mois que plusieurs milliers d'individus ont été surexcités jusqu'au délire ;

il y a des années que l'œuvre infernale était étudiée dans tous ses détails par cette société qui a rempli le monde du bruit de ses congrès et de la discussion de ses théories : l'Internationale.

Née à Francfort, en 1850, des illusions de juin 1848 et de décembre 1851, l'Internationale ne s'est développée que quatorze ans plus tard, lors de l'exposition universelle de Londres, en 1862. Son but était d'empêcher les ouvriers de se faire concurrence entre eux, de les rendre tous solidaires des grèves en quelque pays qu'elles éclatassent, de rendre les grèves générales si cela était nécessaire dans l'intérêt de la cause. Il y avait une force puissante dans cette suppression, pour les classes ouvrières, de toute barrière entre les peuples ; mais la société internationale des travailleurs se trompa quand elle inséra dans son programme ces mots : *Affranchissement des travailleurs par les travailleurs* eux-mêmes. Ennemie des castes, elle créa une caste nouvelle qu'elle prétendit isoler de la société, et c'est ce qui la perdit et devint l'origine du plus épouvantable cataclysme.

Mais pourquoi l'Internationale choisit-elle la France pour terrain de préférence à toute autre contrée ?

En 1870, le parti jacobin de l'association au lieu de s'affliger des désastres du pays, n'y vit qu'un concours de circonstances qui devait rendre plus aisé ce qu'il appelait « le succès de la Révolution », et dans le siége de Paris qu'un moyen d'armer celle-ci. Aussi ne prit-il les armes que contre le gouvernement de la Défense.

Dans les tentatives insurrectionnelles du 31 octobre et du 22 janvier apparaissent les grands meneurs : Flourens, Blanqui, Delescluze, Félix Pyat; et, dans leurs proclamations, il est évident que les préoccupations patriotiques, « la levée en masse », ne sont qu'un prétexte pour couvrir et voiler le but vrai : la déchéance du Gouvernement, l'établissement immédiat de la Commune révolutionnaire.

Mais il y a des causes plus immédiates de l'insurrection du 18 mars.

II

Le lendemain de l'attaque glorieuse de Buzenval, qui n'avait abouti qu'à une hécatombe d'héroïques citoyens, une affiche annonçait la capitulation de Paris !

Nous n'essayerons pas de dépeindre la colère qui s'empara de tous les cœurs ; nous l'avons tous éprouvée. Certes, on n'avait pas marchandé les sacrifices aux hommes du 4 septembre, on comprend qu'il était difficile de s'incliner de bonne grâce devant ce dernier, cet irréparable coup de la fortune.

Ces sentiments se manifestèrent lors des élections ; car, en France, où le suffrage universel devrait être, pour toutes les opinions, une arme de combat sérieuse et respectable, on vote en manière de protestation.

Alors, dit le *Moniteur universel* qui résume d'une manière aussi claire que précise ce que nous avons écrit dans notre grande *Histoire de la Commune*, au sujet de l'intervention du *Comité central,* alors les vaincus du 31 octobre et du 22 janvier surent exploiter à leur profit l'irritation du peuple et le découragement des gens d'ordre.

Le Comité central de la *Délégation communale des vingt arrondissements de Paris* entra en scène le jour même des élections, 8 février, et s'occupa sans retard de constituer entre les divers bataillons de la garde nationale une *fédération* plus forte. Ce ne fut que le 15 mars, et après plusieurs assemblées de délégués, que *le Comité central de la fédéra-*

tion républicaine de la garde nationale fut formé définitivement.

Ce Comité, qui devait être l'instigateur de la révolte, était-il une émanation de l'Internationale? On n'en saurait douter. Ce fut elle qui lui donna la plupart de ses célébrités et inspira tous ses actes, mais d'abord secrètement, parce qu'elle doutait du triomphe.

D'ailleurs, s'il est vrai que les circonstances avaient dispersé l'association, les ouvriers déjà imbus de ses doctrines n'en étaient pas moins préparés par elle à la guerre sociale.

Quoi qu'il en soit, l'entrée et le séjour des Prussiens dans la capitale avait fourni au Comité central une occasion d'exciter les ouvriers et de les pousser à la guerre sociale maintenant fatale.

Au nom du patriotisme et de la République, il conseillait, dans ses affiches, de ne pas donner au roi de Prusse l'occasion d'engager la lutte dans les murs de Paris, mais en même temps, laissant percer ses vues, il recommandait d'une manière toute spéciale aux citoyens d'avoir à garder soigneusement leurs armes, fusils et canons [1].

---

1. *Moniteur universel* du 14 avril 1871.

III

Comment avait-on attendu jusqu'à ce jour, 3 mars, pour réunir et remiser ces canons? Ce fut une impardonnable incurie. Le Gouvernement manqua de la plus vulgaire clairvoyance, et M. Thiers, malgré sa perspicacité, ne vit pas que s'il est dangereux de donner trois cent mille fusils aux habitants de Paris, il l'est mille fois plus de laisser cent cinquante mille prolétaires jouer publiquement avec un arsenal de deux cent cinquante canons et mitrailleuses.

Du reste, la bourgeoisie parisienne elle-même ne s'inquiétait guère de la « fantaisie » des fédérés, sa confiance gagnait de plus en plus le Gouvernement. « Ce n'est rien », répondait M. Jules Simon au général d'Aurelle, qui s'effrayait; et, quand M. Vautrain conseillait à ses collégues les maires de Paris de faire arrêter les membres du Comité central, eux aussi répondaient : « Ce n'est rien ».

On comprit pourtant bientôt que c'était quelque chose.

Plus vigilant, le Comité central avait donné l'ordre de réunir à Montmartre et aux Buttes-Chaumont la plupart des canons, et quand Paris comprit les menaces que suspendaient au-dessus de sa tête ces forteresses de la révolte, il tomba d'une aveugle confiance dans une panique extrême.

Ni la suppression de plusieurs journaux, ni la fermeture des clubs, ne pouvaient changer l'état des choses et des esprits, et la diplomatie que déploya M. Thiers, en essayant de traiter avec les élus de la démocratie parisienne, fut aussi stérile.

On résolut alors d'enlever les canons par la force.

CHAPITRE II

La matinée du 18 mars. — Départ de M. Thiers. — Assassinat des généraux Clément Thomas et Lecomte. — Nouvelle négligence du Gouvernement.

I

L'opération habilement menée produisit d'abord les résultats attendus. Le 18 mars, vers trois heures du matin, le général Lecomte entourait les postes des gardes nationaux avant qu'ils eussent eu le temps de se mettre en défense, il enlevait les positions et reprenait les canons. Mais à l'état-major on ne s'était pas assez pénétré de la gravité de la situation et des difficultés que présentait l'entreprise. Elle n'échoua que par ce fait : les chevaux qui devaient enlever les canons saisis ne venaient pas, et on les attendit vainement de cinq à six heures et demie du matin.

Ce retard donna aux fédérés de Clignancourt le temps de se réunir, et, quand ils se virent assez nombreux, ils se précipitèrent au pas de charge sur les buttes où ils furent reçus à coups de fusil. En voyant tomber quelques gardes nationaux, une femme et un enfant, les rangs des agresseurs et de la troupe de ligne se mêlent et fraternisent.

Des femmes de gardes nationaux apportent du pain, du vin, de la viande, et « le verre en main, la bouche pleine, les soldats, sur pied » depuis une heure du matin, et à jeun, regardent avec indifférence arrêter le général Lecomte.

On a coutume dans notre armée de fatiguer le soldat quatre ou cinq heures d'avance, de le charger outre mesure et, grâce à l'intendance, de le laisser par trop longtemps à jeun. Si une partie de la troupe leva la crosse en l'air aux buttes Montmartre, ce fut moins pour fraterniser avec le peuple que dans le but pratique de calmer sa soif et sa faim.

Tout cela est aussi vrai que navrant ; ce qui ne l'est pas moins, c'est le récit des appels désespérés du Gouvernement aux gens d'ordre, dans cette journée du 18 mars, et l'insouciance incroyable de la population parisienne.

II

M. Thiers fut d'avis que devant les dispositions de cette population et l'état moral et matériel des troupes, le Gouvernement et l'armée devaient quitter Paris pour se rendre à Versailles.

Cette résolution a été diversement appréciée et vivement attaquée : « M. Thiers déserte, disaient les gros bonnets de la Bourse et de la Halle aux grains ; il n'a jamais été corps et esprit qu'un fort petit politique. » D'autres ont pensé que cette décision était le résultat de la nécessité et la seule chance de salut qui restât à Paris et à la France. Mais personne n'a jamais songé à justifier cette incroyable précipitation avec laquelle furent abandonnées presque toutes les administrations ; l'oubli d'une partie des troupes laissées à Paris sans ordres et sans direction ; l'abandon de sommes considérables au ministère des finances et à l'Hôtel de ville.

III

Pendant ce temps, le sang des généraux Lecomte et Clément Thomas coulait à Montmartre.

Celui de Clément Thomas fut versé le premier. L'ancien commandant de la garde nationale avait été reconnu et arrêté place Pigalle, au moment où il descendait de voiture et se dirigeait vers les buttes. Dans cette heure horrible et suprême, le vieux général fit preuve de la plus héroïque fermeté d'âme : il était debout, en face des exécuteurs, et tenant son chapeau à la main : « Vous êtes un misérable, lui dirent-ils, vous nous avez trahis pendant le siége, vous nous avez vendus et fait tuer inutilement. » Et comme Clément Thomas dédaignait de répondre, deux coups de feu partirent; il ne fut pas atteint, il salua ses assassins. Au lieu de le fusiller par un seul feu de peloton, suivant l'usage militaire, les bourreaux tirèrent sur lui l'un après l'autre. A chaque balle reçue, le corps de la victime était agité d'un tressaillement convulsif, mais restait ferme en place comme une statue. De nouveaux coups de feu, tirés de tous côtés, le firent enfin tomber sur le côté droit, la tête au mur et le corps plié en deux. Les misérables se ruèrent alors sur son cadavre ; à coups de fusil, à coups de crosse et de botte, ils le mutilèrent.

Le général Lecomte lui aussi conserva tout son calme. Il remit son argent au commandant de Pouzargues, lui fit des recommandations pour sa famille et marcha devant ses assassins avec une dignité si ferme que plusieurs officiers le saluèrent. A peine avait-il fait dix pas qu'un coup de feu l'atteignit et le fit tomber sur les genoux. Un groupe le releva à moitié et le traîna jusqu'au cadavre du général Clément Thomas. Là, une douzaine de coups de feu à bout portant l'achevèrent. Son cadavre subit les mêmes outrages que celui de son infortuné compagnon, et deux soldats déchargèrent encore leurs armes sur lui; puis les enfants et les femmes, ivres de sang et de fureur, se jetèrent sur ces débris saignants pour en arracher les dépouilles, et dansèrent alentour à demi nus et hurlant.

Après ce double crime, une sorte de stupeur s'empara de la foule. Un garde national, qui avait été témoin du meurtre, indigné de ce qui se passait, s'écria : « Ah! j'aime mieux retourner au bagne, c'est moins dégoûtant. » En même temps, plusieurs de ceux qui avaient pris part à l'assassinat, recouvrant tout à coup un peu de sang froid, furent saisis d'une soudaine épouvante. L'un d'eux, jetant son fusil à vingt pas de lui, s'enfuyait en courant à toutes jambes, éperdu, affolé, ne s'arrêtant qu'à la brasserie des Martyrs : « Qu'ai-je fait là ? s'écriait-il en se parlant à lui-même. J'ai assisté à un assassinat! Je suis un assassin ! » Et à peine assis, il disparaissait. Tous étaient effrayés du sanglant spectacle auquel ils venaient d'assister.

IV

Lorsqu'ils apprirent ces deux assassinats et le départ du Gouvernement, les Parisiens se repentirent de n'avoir pas montré plus de courage et de résolution; ils n'étaient pourtant qu'au début de l'effroi.

En déléguant l'administration de la ville de Paris à la réunion des maires où l'esprit radical dominait, le Gouvernement ne fit que livrer plus encore la capitale aux révoltés.

M. Thiers faillit commettre une faute plus grave et plus terrible en s'opposant à l'occupation, par les troupes régulières, du Mont-Valérien qui était à la fois la clef de Paris et le rempart de Versailles. Fort heureusement il céda à temps, bien que de mauvaise grâce. Si le général Vinoy, appuyé des ministres et des députés, ne lui eût arraché cette résolution, la prise de Paris devenait impossible et Versailles lui-même n'aurait pu tenir.

Nous n'en rendons pas moins hommage aux intentions de cet homme illustre qui, arrivé

au sommet de la vie où l'homme n'a plus rien
à espérer, montrait tant de dévouement à son
pays et s'efforçait de concilier des antipathies
que nul n'a jamais su fondre, si ce n'est dans
le creuset de l'opposition.

Il faut de tout cela conclure que si l'Internationale a préparé le terrain à la Commune et
jeté le grain de l'insurrection de 1871, des faits
d'une inconcevable imprévoyance l'ont aidée à
sortir de terre.

CHAPITRE III

Premiers actes du Comité central. — But de l'insurrection.
— Élections communales.

I

La lutte était engagée, elle devait durer plus
de deux mois.

Des inconnus et des incapables, des *con-
dottieri* cosmopolites et des récidivistes, des
déclassés ambitieux et des *réfractaires* incorrigibles entraînent après eux une foule cré-
dule et abusée. Paris, abandonné par le chef du
pouvoir exécutif, devient la proie de l'anarchie.
Le marin Lullier est proclamé généralissime
de la garde nationale ; l'ouvrier Assi s'empare
de l'Hôtel de ville ; le Comité central inonde
de ses protégés tous les ministères, toutes les
administrations, tous les postes lucratifs ou
agréables ; l'Imprimerie nationale, mise par lui
sous le séquestre, lance décret sur décret où
il annonçait fièrement l'intention de *fermer*

pour toujours l'ère des révolutions et des guerres civiles, mais qui provisoirement se résumaient dans l'abolition de la propriété et la glorification des prolétaires.

On y disait emphatiquement au peuple parisien : « Fais ta volonté, mon maître ; tu t'es fait libre. »

Et le peuple fit sa volonté ou plutôt celle des hommes qui le menaient à tort et à travers. Plus de gendarmes ni de sergents de ville, *ces supports de la tyrannie;* la garnison reléguée dans les forts ; l'affranchissement des contribuables ; le bouleversement du budget; la substitution de l'ouvrier au bourgeois, du travail manuel au capital, de la Commune au gouvernement : tels étaient les principaux articles de leur charte sociale, et un juge qui n'était pas suspect d'un excès de modération, Mazzini, a écrit au mois de juin 1871 : « Cette insurrection était tout imprégnée de matérialisme, et elle avait présenté un programme qui, s'il pouvait être adopté, ferait reculer la France aux temps du moyen âge et lui enlèverait toute chance de résurrection, non point pour des années, mais pour des siècles. »

II

L'insurrection, une fois maîtresse de Paris, voulut être **et** s'appeler la *Commune*; ce fut habile. La Commune, en effet, représente une idée de liberté municipale toujours populaire.

Soit par principe, soit par dépit de se voir ravir une attribution qui appartenait aux autres communes, la population parisienne en était venue à placer en tête de ses vœux politiques la restitution des droits municipaux.

Il était donc naturel que ce simple mot *Commune* fut accepté comme un mot d'ordre, et il y eut de la part des meneurs révolutionnaires du 18 mars une grande habileté à l'inscrire sur leur drapeau.

Mais entre les *libertés communales* que les hommes sages revendiquent et la *Commune autonome* qu'on voulut constituer le 18 mars, il y a tout un abîme. Les premières sont des rouages nécessaires à l'action régulière de la machine gouvernementale; la seconde brise le lien national et supprime la patrie; c'est ce qui fait dire à Mazzini lui-même que son succès définitif « ferait reculer la France au temps du moyen âge. »

Les chefs du mouvement se souciaient d'ailleurs fort peu de l'émancipation des communes. La municipalité à constituer n'était et ne pouvait être pour ces gens-là, dégagés de tout scrupule et affranchis par eux-mêmes de tout lien moral, qu'un prétexte : le moyen d'organiser une insigne tromperie.

III

Pour arracher le masque, il aurait fallu des hommes plus unis et plus résolus que les maires et les députés de Paris ; la mollesse de leur intervention la rendit infructueuse. La courageuse protestation des journaux parisiens, depuis l'*Univers* et le *Monde* jusqu'au *Siècle*, réveilla bien les hommes d'ordre, à la tête desquels se mit le général Saisset. Mais l'héroïque manifestation qu'ils firent le 22 mai, place Vendôme, n'aboutit qu'à une fusillade ordonnée par Bergeret et à la mort de plusieurs d'entre eux. Elle fournit aussi aux révoltés l'occasion d'engager la guerre civile d'une façon plus décisive. Le Comité central ne voulait et ne pouvait, en effet, procéder au vote qu'après avoir irrévocablement brisé avec le gouvernement de Versailles.

Il le pouvait maintenant, et, subitement, le samedi 25, à midi, Paris apprit qu'il devait voter le lendemain matin. C'était ôter aux adversaires de l'insurrection toute possibilité de porter leurs noms à la connaissance des électeurs. Les candidats du Comité, dès longtemps préparés, placardèrent leurs proclamations aux portes des mairies, et, le jour même du vote, on affichait l'annonce mensongère du succès de l'insurrection à Lyon. Ainsi : fausses nouvelles, candidatures officielles, manœuvres de toutes sortes ont présidé à ces élections. Jamais gouvernement n'employa des procédés électoraux aussi scandaleux que ceux dont usa le Comité dans le vote du 26 mars.

Ajoutons que les abstentions furent de plus de 54 pour 100, ce qui n'empêcha pas les membres de la Commune de se dire les « élus du suffrage universel ».

CHAPITRE IV

ORGANISATION DE LA COMMUNE

Proclamation de la Commune ; son organisation ;
ses principaux membres.

I

Le 28 mars la Commune se proclama avec un
grand apparat. Le 29, elle tint sa première
séance sous la présidence d'un vieillard, dont
le renom de probité était universel, le citoyen
Charles Beslay. Voici le programme qu'il traça
à ses collègues : « La Commune que nous fon-
dons sera la Commune modèle. Qui dit travail,
dit ordre, économie, honnêteté, contrôle sé-
vère. » Les libertés municipales, il ne demandait rien de plus, et il s'écriait : « Ne dépas-
sons pas cette limite. »

Mais *ses collègues* ne l'entendaient pas
ainsi ; ils se rirent des remontrances de « ce
vieil as de pique », ainsi qu'ils le nommèrent
et se mirent à une tout autre œuvre que celle
qu'il leur avait recommandée.

II

Ils se formèrent en commissions, et chacune d'elles s'attribua un département ministériel. Il fut ensuite procédé à l'élection des délégués aux divers ministères, et le scrutin donna les résultats suivants :

Guerre, Cluseret ; *Finances*, Varlin ; *Subsistances*, Parisel ; *Relations extérieures*, Paschal Grousset ; *Enseignement*, docteur Roussel ; *Justice*, Protot ; *Sûreté générale*, Grelier ; *Travail et échange*, Léo Franckel ; *Services publics*, Andrieu.

Les archives de la justice militaire ont reconstitué les tableaux nominatifs des diverses administrations, ministères ou services publics de la Commune. Mais il faut se prémunir contre la pensée fausse qu'une organisation homogène, complète, image de la nôtre, ait été créée en si peu de temps par le gouvernement insurrectionnel. Ces listes ne sont qu'un étalage des vanités et des appétits qu'il avait excités. Chacun selon son tempérament s'était improvisé en remplacement des fonctionnaires et employés supérieurs retirés à Versailles : chef de bureau, chef de division, chef de service, inspecteur, etc.;

colonel, général, etc. Chacun travaillait à sa manière au triomphe de la Révolution, mai sans direction, sans principes arrêtés, n'ayant personne au-dessous de soi dans les emplois inférieurs, et guidé par une ambition impatiente qui le portait à accaparer l'autorité et les places.

III

Les principaux membres de la Commune étaient : Assi, esprit faux et ignorant ; Varlin, intelligence sans culture ; Billioray, peintre médiocre qui ne pardonnait pas à la bourgeoisie de dédaigner ses tableaux ; Eudes, l'assassin des pompiers de la Villette qui, fier de cet exploit, se fit *général* de la Commune ; Jourde qui, délégué aux finances, détruisit le Grand-Livre pour dissimuler ses opérations ; Jules Allix, l'inventeur de la télégraphie par les escargots sympathiques, enfermé comme fou avant et après le 18 mars ; Blanqui, conspirateur monomane, démagogue par tempérament, prisonnier politique par état ; Delescluze, jacobin sinistre qui aurait fait fusiller son père ; Félix Pyat, comédien vaniteux qui jouait les traîtres de mélodrame, avant de faire le Marat ; Vermorel, qui par ambition et pusil-

lanimité décréta la mort des otages; Raoul
Rigault, Tristan-l'Ermite de la basse déma-
gogie qui, dans une brasserie de la rue Soufflot,
demandait trois cent mille têtes pour déposer
au pied de l'arbre de la liberté; Vallès,
bohème envieux qui s'est peint tout entier dans
les *Réfractaires;* Ferré, d'une taille minuscule
et qui en voulait à la société d'être mal constitué.

Tels étaient les chefs.

Si on examinait maintenant les masses fédérées, couche par couche, on verrait défiler successivement les paresses ignominieuses, les
jalousies, les impuissances folles, les ambitions
devenues féroces. Il y a dans cette tourbe les
prolétaires, les déclassés, les ouvriers ne tra-
vaillant pas, les enfants des quartiers sombres,
ce que les Romains appelaient la *petite plèbe*,
ce que Mirabeau nommait le *popule*.

Pour tout dire en un mot, la Commune de
Paris c'est la haine et la convoitise, la passion
de la révolte combinée avec la fièvre de l'argent.

DEUXIÈME PARTIE

CHAPITRE PREMIER

PREMIÈRES OPÉRATIONS MILITAIRES

Composition des troupes fédérées. — La Commune
prend l'offensive; ses échecs.

I

Dans l'organisation de la Commune, deux
commissions disposaient de la garde nationale
et pouvaient, dès le début, la faire mouvoir à
leur gré, en vertu de leurs attributions spécia-
les : c'était la Commission militaire et la
Commission exécutive.

La première se composait de Bergeret, Duval et Eudes, les trois généraux du comité; de
Chardon, chef d'état-major de Duval, Pindy,
commandant militaire de l'Hôtel de ville, Ranvier, membre du Comité central, et Flourens

qui accepta le commandement d'une colonne d'attaque, tous hommes d'énergie et d'action, membres du Comité central ou dévoués à ses vues.

La Commission exécutive, qui pouvait contrôler les actes de la Commission militaire et arrêter l'exécution de ses ordres, se composait encore de : Eudes, Bergeret, Duval; de Félix Pyat, sur le caractère duquel il est inutile d'insister; de Vaillant et Tridon, qui tous les deux votèrent plus tard l'application de la loi des otages; enfin de Lefrançais, le seul qui fût relativement modéré, et qui donna sa démission de membre de cette commission.

Les plans les plus audacieux du Comité central devaient donc revivre dans ces commissions; et le compte rendu de la séance du 24 mars, séance dans laquelle le Comité décida qu'il romprait toute négociation avec les maires et qu'il ferait seul les élections, nous apprend ce qu'il pensait de l'éventualité d'une guerre civile. Assi, son président, résumait la discussion en disant : « La guerre civile peut être un crime civique;... dans les circonstances actuelles elle est une nécessité fatale!... » Et Bergeret s'écriait : « .... Oui, rompons les négociations et préparons la lutte à outrance. »

A partir de ce jour ces hommes ne perdent

pas un instant. Du 28 au 31 mars, les ordres se succèdent avec rapidité. Les bataillons se réorganisent et envoient à la Place leurs états d'effectif. Des renforts et des vivres, des munitions, sont expédiés à Courbevoie. Les portes de Passy, Saint-Cloud, Auteuil, gardées encore par la garde nationale d'un arrondissement douteux, sont occupées, de gré ou de force, par des troupes dévouées; les autres portes sont fermées; le mouvement des trains suspendu; des réserves de dix-huit cents à deux mille hommes sont massées sur la place de l'Hôtel-de-Ville et sur la place Vendôme, Bergeret adjoint à son état-major un escadron de cavaliers pour faire le service d'estafettes, et stimule l'ardeur des gardes nationaux dans une proclamation emphatique.

Les peines les plus sévères sont édictées pour abandon de poste et contre les traînards. D'un autre côté, on chercha à séduire les masses, à embaucher les nombreux soldats qui, surpris par l'évacuation de la ville n'avaient pu rejoindre leur corps. Mais il faut le dire à l'honneur de notre armée, la plupart d'entre eux restèrent sourds aux promesses et aux menaces.

La tentative réussit mieux auprès des ouvriers. Presque tous pauvres et la plupart irrités, ils crurent trouver dans la nouvelle

révolution le terme de leurs souffrances. Et ils
ne doutèrent pas de la réussite du mouvement ;
car si la révolution de 1830 et de 1848 a vaincu,
comment celle du 18 mars ne triompherait-elle
pas avec une armée de cent quatre-vingt mille
hommes, des fortifications et une artillerie
formidable !

Il est vrai que les forces communales se composaient d'éléments peu propres à inspirer une
grande confiance.

D'après le savant M. Frégier, il y avait d'a-
bord à l'état de volontaires, obéissant à l'Internationale ou prenant le mot d'ordre du Comité
central, un contingent de trente mille adhérents, pour la plupart fanatisés. Si, en regard
de ce chiffre, on place les esprits faibles ou
ignorants, que l'influence pernicieuse du voisinage et de décevantes doctrines entraînent toujours après elles, on trouve un autre élément
qui ne s'élève pas à moins de vingt mille hommes. Immédiatement après, arrivent les déclassés, les fruits secs des diverses professions,
avocats sans causes, médecins sans clientèle,
journalistes sans public, peintres sans nom,
ingénieurs de tabagie, officiers rebutés, com-
merçants ayant mis la clef sous la porte, faillis
non réhabilités, ivrognes incorrigibles. Cela fait
encore vingt mille hommes. On porte à trente

mille la section des ouvriers sans épargne, des contre-maîtres peu avancés, des commis sans asile, des teneurs de livre jetés nécessairement sur le pavé par un chômage forcé et qui ont considéré comme une providence le hasard de la révolution du 18 mars avec la solde de 1 fr. 50, la haute paye pour les femmes légitimes ou non, et le subside pour les enfants.

Mais la portion la plus importante, et de toute façon la plus redoutable, s'est recrutée dans un monde terrible, c'est-à-dire parmi les repris de justice, les forçats libérés, en rupture de ban ou tolérés, dans les existences excentriques ,les bateleurs, les mendiants, les voleurs de profession et les recéleurs. Il a dû sortir de cet ensemble, pour défendre le drapeau rouge, trente-cinq mille combattants.

Vers le milieu d'avril, la Commune imagina, pour renforcer sa milice décimée, un nouveau mode de recrutement. Les citoyens Protot, Raoul Rigault et Ferré, revêtus d'écharpes rouges, ouvrirent la porte des prisons et donnèrent des uniformes et des armes aux détenus condamnés pour délits communs, aux sodomites, aux voleurs et aux assassins.

Au contingent déjà connu, il convient d'ajouter l'écume de l'Europe. Il y eut au Comité central des échantillons d'Allemands, de Russes, d'Italiens; et, pendant la résistance militaire, l'armée de Versailles avait surtout en face d'elle des Polonais, des Russes, des Valaques, des Piémontais, des Grecs, etc., que la fumée de la guerre avec l'Allemagne avait attirés dans la grande et malheureuse capitale.

Pendant le siége prussien, Paris avait eu ses corps francs; sous la Commune, il y eut aussi quelques corps spéciaux : les *Vengeurs de Flourens*, les *Enfants du Père Duchêne*, les *Zouaves de la Commune*, et enfin les *Pupilles de la République*. Ces derniers étaient des enfants de quatorze à seize ans, la plupart sans famille, et que le besoin avait jetés dans la révolution.

Les journaux de la Commune, surtout le *Cri du Peuple*, le *Vengeur* et le *Père Duchêne* excitèrent l'ardeur guerrière jusque parmi le sexe faible. Une légion de citoyennes fut même organisée, et Gambon, membre de la Commune, la mena à l'Hôtel de ville : nous nous rappellerons toujours avoir vu arriver ces amazones, drapeau rouge en tête !

Composées de tels éléments, les troupes communales ne pouvaient être très-solides, mais elles faisaient illusion par le nombre. Il y avait lieu d'ailleurs de compter sur deux grandes causes de succès : Lyon, Marseille,

Toulouse, se soulevaient, la fièvre était partout ;
d'autre part l'armée de Versailles était à l'état
embryonnaire : elle renfermait tout au plus
donze mille hommes dans lesquels on pût avoir
confiance.

II

La Commune, pleine de confiance, résolut
de prendre l'offensive.

Le 30 mars, elle mit en marche soixante-
dix mille gardes nationaux, pourvus de huit
jours de vivres.

Le 31, le mouvement de ses troupes se des-
sina, et, pendant la journée du 1er avril, diverses concentrations se manifestaient au nord-
ouest et au sud de Paris.

Le corps expéditionnaire de Versailles était
formé de deux brigades : l'une, la brigade
Daudel, de la division Faron ; l'autre, celle de
Bernard de Ségnerens, de la division Bruat.
Éclairés sur la gauche par la brigade de cavalerie de Galiffet, de la division du Barrail, sur
sa droite par deux escadrons de la garde républicaine, il se mit en marche le 2 avril, à
six heures du matin.

Une colonne s'avançait par Rueil et Nanterre, l'autre par Vaucresson et Montretout.
La jonction de ces deux détachements s'opéra

sans encombre au rond-point des Bergères. C'est de là que les troupes partirent pour attaquer les positions barricadées de Courbevoie, défendues par quatre bataillons d'insurgés. En tête de la colonne marchaient les gendarmes. Leur conduite, pleine d'élan et de résolution, fit disparaître l'hésitation qui d'abord se manifestait parmi les soldats de la ligne. Aussi la caserne fut-elle bientôt prise par les régiments de marche, et la grande barricade céda-t-elle aux efforts du 113ᵉ de ligne. Le pont ne tarda pas à être dégagé, et les abords de Courbevoie furent entièrement abandonnés par les fédérés. Le général Vinoy fit cesser le feu, et les troupes de Versailles regagnèrent leurs cantonnements vers quatre heures de l'après-midi.

Cet échec, au début des opérations, pouvait ralentir l'ardeur des soldats fédérés : on dissimula avec effronterie les intentions des généraux et leur déroute complète. Les journées du 2 et 3 avril devinrent des faits d'armes où l'héroïque garde nationale avait repoussé les Versaillais. Dans la soirée, on afficha pour rassurer les esprits, que tout allait bien, et que « Bergeret *lui-même* était à Neuilly », phrase bouffonne dont le public parisien s'est amusé longtemps, et qui jeta un peu de gaîté sur ces tristes jours.

La Commune, cependant, ne fut pas dupe de cette comédie; elle sut ce qui s'était passé. Dans le conseil de guerre qui suivit l'échauffourée, il fut décidé que, sans plus attendre, l'attaque décisive sur Versailles serait exécutée le lendemain au point du jour.

Les ordres une fois donnés, on vit de tous les quartiers de Paris les bataillons des gardes nationaux se diriger, en quelque sorte fiévreusement, vers les divers points qui leur avaient été assignés. Rien de plus étrange que l'aspect de ces bataillons où l'adolescent coudoyait le vieillard, tous dans des costumes et avec des armes d'une pittoresque variété. Ils étaient sans discipline, et surtout sans commandement sérieux; leurs chefs se nommaient : Bergeret, Eudes, Duval, Flourens !

Avec de tels défenseurs, la Commune fut battue, désorganisée. Les routes de Rueil, de Clamart et le bois de Meudon, qui étaient les trois points choisis par les fédérés pour relier leurs opérations contre Versailles, furent couverts de cadavres; et des quatre généraux, les deux plus braves succombèrent : Flourens fut tué à Rueil, et, lors de l'enlèvement de la redoute de Châtillon par les troupes régulières, Duval fut pris et fusillé.

Au plus fort de l'action, un modeste héros

l'abbé Ducastel, curé de Puteaux, arriva sur le champ de bataille. Il allait d'un blessé à l'autre, relevant celui-ci, exhortant celui-là, prodiguant aux agonisants les consolations les plus touchantes. De tous côtés, les malheureux s'écriaient à la fois : « A moi, monsieur le curé, à moi! » Et le digne homme se multipliait; il courait vers ceux dont les souffrances réclamaient un plus prompt soulagement. Après avoir parcouru ainsi une partie du champ de bataille, donnant à boire à l'un, aidant l'autre à s'asseoir, il prenait sur son dos un blessé, l'y installait le mieux qu'il pouvait, et le transportait, non loin de là, derrière une maison effondrée, au-dessus de laquelle flottait le drapeau de la convention de Genève, et où un chirurgien faisait les premiers pansements. Après avoir déposé son précieux fardeau, il retournait sous le feu, au champ de bataille; il recommença jusqu'à quatorze fois ce pénible voyage, et ne s'arrêta, quoique accablé de fatigue, qu'à la tombée de la nuit. A Puteaux, à Courbevoie et à Nanterre, il n'y eut qu'un cri d'admiration pour ce prêtre courageux.

CHAPITRE II

PERSÉCUTION RELIGIEUSE

Arrestation de Mgr Darboy et d'un grand nombre de
prêtres. — Pillage des églises. — Persécution contre
les couvents. — Pourquoi cette haine de la religion?

I

La Commune, exaspérée de sa défaite, s'en
prit d'abord à l'Église; elle l'accusa de complicité avec Versailles.

Dès le 2 avril, pendant le terrible combat de
Courbevoie et de Neuilly, elle avait rendu le
décret suivant :

Art. 1er. L'Église est séparée de l'État.

Art. 2. Le budget des cultes est supprimé.

Art. 3. Les biens dits de *mainmorte*, ap-
partenant aux congrégations religieuses, meubles et immeubles, sont déclarés propriétés
nationales.

Art. 4. Une enquête sera faite immédiatement sur ces biens.

Il apparut aussitôt au regard le plus superficiel que l'Église touchait à l'une de ces heures solennelles de crise et d'épreuve que Dieu lui ménage dans le cours des temps pour faire éclater devant les hommes distraits et légers son indestructible vitalité.

Le lendemain de ce décret, et comme pour en faire voir la signification, la Commune procédait à l'arrestation du vénérable archevêque de Paris, sans pitié pour son âge et les défaillances journalières d'une santé depuis longtemps altérée.

Le mandat était ainsi conçu :

« Ordre est donné au citoyen Révol, capitaine-adjudant de place, attaché à la place de Paris, de se rendre à l'archevêché pour y arrêter le sieur Darboy, se disant archevêque de Paris, et y faire ensuite les plus minutieuses perquisitions. »

Conduit à la Préfecture et au cabinet du délégué, avec M. l'abbé Lagarde, qui s'était offert spontanément à l'accompagner, Monseigneur trouva le *magistrat* assis dans un fauteuil et la tête couverte de l'inévitable képi galonné.

« C'est vous, lui dit Rigault, qui êtes le citoyen Darboy? »

Et se ravisant :

« Vous nous embastionnez (textuel) dans

vos superstitions, il faut que cela cesse ; vos chouans massacrent nos frères, il faut que nous vous fusillions. »

Monseigneur répondit : « Voyons, mes enfants.... » Mais il fut interrompu aussitôt par des trépignements et des gestes impossibles à rendre.

— Et vous, qui êtes-vous? demanda ensuite le farouche procureur à M. Lagarde.

— J'ai l'honneur d'être le vicaire général de Monseigneur, et j'ai aussi l'honneur de l'accompagner.

— Allons, ne prenez pas vos airs, vous aussi. »

Monseigneur, pressentant les intentions de Rigault, intervint à ce moment : « Je vous prie en grâce de lui rendre la liberté, il n'a pas été arrêté.

— Il est pris et reste pris. »
Et se tournant vers M. Lagarde.
« Votre nom? »
Après quoi il donna l'ordre de les amener tous les deux au Dépôt et séparés. Mais le capitaine auquel il s'adressait, portant la main à sa moustache blanche, lui dit courageusement :

« Citoyen, je suis militaire, et ne me charge pas de pareilles missions.

— Lieutenant, debout ! » hurla Rigault qui ne put dissimuler son mécontentement.

Et l'on vit un homme plongé dans l'ivresse se lever avec peine, et dire encore plus difficilement en portant la main à son képi :

« A....vec plaisir, mon commandant. »

De tels hommes devaient finir par boire à longs traits et la gloire, et le sang, et l'honneur de la France.

Après Mgr Darboy vint le tour de M. l'abbé Deguerry, de M. Millault, curé de Saint-Roch, de M. Bécourt, curé de Bonne-Nouvelle, de M. Legrand, curé de Saint-Germain-l'Auxerrois, de plusieurs autres curés de Paris, et d'un très-grand nombre de prêtres.

Quels étaient leurs crimes? On lisait dans un acte d'accusation signé : Le Moussu :

« Attendu que les prêtres sont des bandits, et que les repaires où ils ont assassiné moralement les masses sont les églises....

Devant ces attentats, deux protestations énergiques autant qu'éloquentes se firent entendre ; deux pasteurs protestants, MM. de Pressensé et Guillaume Monod, s'élevèrent, par lettres publiques, au nom de la liberté religieuse, contre l'iniquité de ces arrestations de prêtres catholiques.

C'était là un acte admirable de courage,

d'indépendance, et, disons-le, de charité chrétienne.

II

Après l'arrestation des prêtres, la Commune fit opérer, sous prétexte de perquisitions, le pillage en règle des églises, chapelles et couvents.

La première église enlevée au culte fut comme toujours Sainte-Geneviève. Une grande cérémonie, qui dura deux jours, marqua la prise de possession du monument.

Un article de Rochefort dans le *Mot d'Ordre* donna le signal du pillage de Notre-Dame. Le 26 avril, l'on transporta, d'abord à la Préfecture et puis à la Monnaie, toutes les richesses de la basilique.

Le saint jour de Pâques, Saint-Pierre de Montmartre, Saint-Jean-Saint-François, ainsi que beaucoup d'autres églises, restèrent fermées.

Le jour de l'Ascension eut lieu le pillage régulier de la Trinité et la fermeture de la Madeleine, de Saint-Augustin et de Saint-Philippe, malgré l'énergique résistance des prêtres dévoués qui les avaient desservies, jusque-là, avec le zèle le plus courageux.

Et comme toutes ces violences commençaient à indisposer la population, la Commune inventa les quatorze cadavres de Saint-Laurent.

En soulevant le tapis qui recouvrait l'escalier, à l'entrée de la nef de cette église, on vit une dalle mal scellée, percée de deux trous ; c'était une bouche de calorifère. On fouilla, on trouva trois cadavres de femmes. Ainsi vint l'idée de visiter l'église de fond en comble.

Après bien des recherches, on découvrit sous l'autel de la Vierge un trou béant. Douze ou quinze marches conduisent à un souterrain ; c'est une cave demi-circulaire, placée juste sous l'autel de la Vierge et en reproduisant les contours. Il fut trouvé là quatorze squelettes. Afin d'exciter au plus haut point l'opinion publique, on porta sur l'un des squelettes un de ces petits vers blancs qui n'apparaissent que sur les chairs en décomposition, et l'on y attacha une chevelure blonde, achetée chez un coiffeur qui a reconnu depuis l'avoir vendue à cette époque. Afin que le public ne pût pas s'apercevoir de la fraude, on l'empêchait de s'approcher de trop près, et la chevelure, placée pour ce motif dans un endroit écarté, était même gardée par plusieurs soldats fédérés.

La science eut beau démontrer, par la plume de plusieurs de ses plus illustres membres, que ces restes humains appartenaient à des personnes de tout sexe et de tout âge et remontaient à des époques dont la plus récente était d'un siècle, et la plus reculée de sept siècles, les clameurs des compères et des sots n'en continuèrent pas moins et redoublèrent même à chaque exhibition nouvelle.

Malgré tout, cette comédie qui n'était qu'un appel à l'assassinat, avait manqué. On la renouvela bientôt à Notre-Dame-des-Victoires.

Comme à Saint-Laurent, la calomnie produisit un immense effet. L'émotion du peuple fut profonde, surtout lorsqu'on exhiba un squelette d'une prétendue jeune femme morte à la fleur de l'âge. Sa magnifique chevelure blonde, restée intacte, provoqua une recrudescence de lamentations et ne cessa d'attirer un grand nombre de visiteurs sur le parvis de l'église. Or, il est acquis à l'histoire que cette splendide chevelure était une queue achetée à un perruquier de Paris, dont le nom est au dossier de la Commune à Versailles. Quant à la présence d'ossements sous les dalles de Notre-Dame-des-Victoires, aussi bien que dans les cryptes de Saint-Laurent, elle n'avait rien que de très-normal. Avant 1791, avant la création de vastes nécropoles, chaque église, chaque chapelle avait son cimetière, et les personna-

ges de distinction avaient le privilége d'être
inhumés dans l'église même. Les gens de la
Commune n'avaient donc pas lieu de s'étonner
que les caveaux des Petits-Pères renfermassent
des cercueils, et ils n'auraient pas eu l'idée de
les profaner, s'ils n'avaient eu l'intention de
dépouiller l'église de ses richesses.

Une rage vraiment infernale fut déployée
dans cette orgie communeuse. Les tabernacles
furent arrachés, les autels démolis, les confes-
sionnaux renversés, les dalles du temple brisées. Outre le corps de sainte Aurélie qui reposait sous l'autel de la Vierge, celui du vénérable M. Desgenette, ancien curé de la paroisse
et fondateur de l'archiconfrérie, inhumé au
pied du même autel, fut profané aussi. Les
caveaux renfermant les ossements des religieux augustins, qui étaient morts dans cet
ancien couvent, furent violés.

En même temps, on volait l'argent des troncs,
on dépouillait l'église de tous ses ornements
sans exception, on dévalisait les sacristies; la
fureur des pillards s'arrêta lorsque le sanctuaire ne présenta plus que l'aspect de la
ruine.

Alors commença une autre orgie non moins
navrante. L'argent trouvé dans l'église avait
été partagé entre les gardes nationaux; il ser-

vit à payer les frais d'une ripaille à laquelle prirent part des cantinières et d'autres femmes de mœurs douteuses. Ces revenants de 93 se revêtirent des ornements sacerdotaux, et simulèrent des cérémonies religieuses où l'odieux était mêlé au grotesque. La saturnale ne cessa que lorsque la fatigue et l'ivresse eurent vaincu les héros de cette sacrilége comédie. Les chefs se réservèrent tous les objets précieux, les calices, les ciboires, les riches couronnes offertes par le Pape à Notre-Dame-des-Victoires, le trésor complet de l'église, toutes les valeurs et le linge. Ils n'envoyèrent au garde-meuble que des objets inutiles pour eux et d'une valeur insignifiante, comme les objets en bronze, les lustres, les lampadaires, les candélabres et un certain nombre de cœurs en cuivre.

Les autres édifices consacrés au culte ne furent pas le théâtre de pareilles impiétés ; mais on en dévalisa un très-grand nombre, du 11 au 30 avril. Pendant cette période nous citerons : Saint-Eustache, envahi le 11 avril ; Saint-Vincent de Paul, Saint-Jean-Saint-François, le 9 ; Saint-Martin, le 24 ; Saint-Paul, le 10 ; Notre-Dame-de-Clignancourt, le 12 ; Saint-Bernard, Saint-Roch, le 14 ; Saint-Honoré, Saint-Médard, Saint-Jacques-du-Haut-Pas, la chapelle Bréa, le 15 et le 16 ; Notre-Dame de la Croix, le 17 ; Saint-Ambroise, le 22 ; Notre-Dame-de-Bercy, Saint-Lambert, Saint-Christophe, Saint-Germain-l'Auxerrois, Saint-Pierre-de-Montrouge, du 28 au 30 avril.

III

Quoiqu'elles pratiquassent dans toute sa perfection le culte persécuté par la Commune, les congrégations religieuses n'en vivaient pas moins dans cette fraternité véritable et cette communauté de biens qui est le rêve socialiste. A ce titre, elles auraient dû trouver grâce aux yeux de la nouvelle révolution. Et cependant, les hommes du 18 mars poursuivirent de leur haine les établissements religieux plus encore que les paroisses ; la révolution n'ignore pas qu'ils sont les postes avancés de l'Église et qu'on la frappe au cœur en les détruisant

Ce fut naturellement par les jésuites que commença la persécution contre les couvents.

Dans la nuit du lundi au mardi saint, 4 avril, vers une heure du matin, une bande de fédérés faisait irruption dans l'institution de Sainte-Geneviève tenue par les Pères, rue Lhomond, 18 ; et là, sans autre mandat que leur bon plaisir, ils déclarèrent tous les religieux en état d'arrestation ; c'étaient : les Pères Ducoudray, supérieur, Alexis Clerc, Anatole de Bengy, etc. Ils fouillèrent ensuite la maison de fond en comble, brisèrent à coups de crosse portes et meubles, et mirent la chapelle, les cellules et surtout la cave au pillage.

Le soir du même jour, des gardes nationaux de Montrouge, accompagnés d'un commissaire de police, le citoyen Lagrange, et d'un membre de la Commune, le docteur Goupil, délégué à l'instruction publique, se présentaient, tambour en tête, à la maison du même ordre, rue de Sèvres. Les portes n'étaient point fermées. Une partie des fédérés pénétra dans la maison ; le reste établit devant la façade un cordon coupant la rue dans toute sa longueur. Les gardes stationnèrent là jusqu'à onze heures et demie du soir, car la perquisition dura trois heures. Le prétexte était de rechercher des armes et surtout de l'argent ; mais l'entretien gratuit d'une nombreuse ambulance avait épuisé les dernières ressources des Pères. Alors le citoyen Lagrange, furieux de sa déconvenue, s'écria : « Nous sommes volés ! » et, au nom de la Commune, il arrêta le supérieur et l'économe : le P. Olivaint et le P. Caubert.

Le premier pas était fait ; les autres congrégations religieuses allaient avoir le même sort.

Le mardi de la semaine sainte, 4 avril, le jour même où tout le clergé de Paris se vit frappé dans l'exercice de son ministère par l'arrestation de Mgr Darboy, on retenait prisonniers à la Préfecture, où ils étaient allés chercher leurs passe-ports, sept séminaristes de Saint-Sulpice : MM. Delfau, Barbequet, Déchelette, Gard, Raynal, Guitton et Seigneret.

Le même jour, cinq gardes nationaux se présentèrent au séminaire Saint-Sulpice et se saisirent de M. Icard, directeur de la maison. Ils le conduisirent au Dépôt, mais pour le ramener bientôt après au séminaire où ils firent une perquisition qui ne servit qu'à faire arrêter M. Roussel ; on les écroua tous les deux à la prison de la Santé.

Après tant d'actes arbitraires et odieux, la Commune eut la folie de s'attaquer à un vieillard connu de tout Paris, populaire entre tous, et qui, par les incomparables services rendus pendant le siége, a couronné d'un éclat sans pareil une popularité déjà immense, nous voulons parler du frère Philippe.

Le 11 avril, le sieur Rivault, commissaire central de police, ceint d'une écharpe, se pré-

senta à la maison mère des Frères des écoles
chrétiennes et, en l'absence du supérieur général, demanda le frère Callixte, vieillard de
soixante-quinze ans, son premier et son plus
ancien assistant. La recherche des armes servait de prétexte, mais la saisie et le vol de la
caisse (elle pouvait contenir deux mille et quelques francs), des calices, des ciboires et de l'os-
tensoir furent l'unique but de cette sacrilége
violence. Loin de se préoccuper des malades
et des blessés, qui ne leur épargnèrent ni les
protestations ni les injures, les envahisseurs
s'empressèrent de visiter la cuisine, la cave, la
caisse, la sacristie, la chapelle où ils se firent
ouvrir les tabernacles pour s'emparer des ciboires.

La Commune ne fit pas même grâce de ses
visites armées à ces saintes femmes qui passent
leurs jours et une partie de leurs nuits dans le
travail, la pénitence et la prière. Leur dévouement et leur caractère vénérable l'impression-
nèrent cependant quelquefois. Ainsi, au couvent du Roule, à celui des Oiseaux, au Sacré-
Cœur, de la rue de Varennes, chez les dames
Augustines, rue de la Santé, ses gens furent
convenables, et ne réquisitionnèrent pas. La
visite faite aux Petites-Sœurs-des-Pauvres du
faubourg Saint-Antoine, commencée sous de

terribles auspices, s'acheva par des paroles gracieuses de la part du commandant.

Toutefois cette modération relative n'était pas du goût de la Commune. Pour justifier les violations de domicile, ainsi que les attentats plus graves encore qu'elle méditait, il lui fallait un prétexte quelconque.

Il circule depuis longtemps de mystérieuses légendes, des histoires fantastiques sur les couvents et sur les maisons religieuses. L'imagination populaire, à cet endroit, est toujours éveillée : il s'agissait de la surexciter. Les cryptes des maisons conventuelles devinrent tout à coup le théâtre des exhibitions les plus odieuses. La chapelle du couvent de Picpus fut plus particulièrement le siége d'abominables profanations.

A la fin d'avril, des bruits étranges circulaient sur cette communauté. Le peuple était invité, soit par affiche, soit verbalement, à la visiter.

Le couvent de Picpus, dans lequel le travail manquait comme partout ailleurs, avait nourri cependant un certain nombre de gardes qui, après avoir mangé bien vite les provisions faites après le siége, exigèrent qu'on leur livrât les vases sacrés et autres objets servant au culte. Contraintes d'obéir, les religieuses furent encore l'objet de perquisitions incessantes, la nuit comme le jour.

En cherchant les quinze mille chassepots qui avaient, disait-on, été déposés et cachés dans la maison, les gardes nationaux finirent par découvrir, dans une petite dépendance du couvent, trois pauvres religieuses atteintes d'aliénation mentale. On les avait séparées de la communauté pour qu'elles n'en troublassent pas le bon ordre, et aussi pour leur donner tous les soins que réclamait leur état.

Afin d'exciter l'intérêt du peuple en faveur de ces infortunées, on défonça la cave située au-dessous du pavillon qu'elles habitaient, et on fit accroire aux visiteurs que c'était là qu'elles vivaient depuis dix ans et plus. Pendant trois jours une affluence considérable viola le seuil de cette maison de retraite et de prière pour aller voir les prétendus cachots. Comme toute liberté fut donnée à la foule, elle monta aussi dans le grenier situé au-dessus du même pavillon, où l'on avait déposé depuis quinze à vingt ans des lits orthopédiques, dont on se sert dans les pensions de jeunes filles pour le traitement de la taille. Personne n'en connaissant l'usage, ou conclut et on répéta sur ce sujet les choses les plus absurdes et les plus outrageantes.

Le mardi, 2, le concours du peuple fut plus nombreux encore que les jours précédents. La foule envahit les jardins et l'établissement tout entier, sans que les gardes nationaux de faction pussent l'empêcher de forcer les portes et les fenêtres, et de se précipiter comme un torrent par toutes ces ouvertures avec un tumulte effroyable. Ce ne fut pas sans peine que deux délégués de la Commune, arrivés à ce même moment, parvinrent à faire évacuer la maison. Pour donner à cette visite un caractère plus saisissant encore, on avait placé sur le passage des curieux deux têtes de mort que les fouilles de la nuit précédente avaient fait découvrir dans l'emplacement d'un ancien cimetière.

Cette campagne héroïque contre des femmes, sans défense, fut surtout conduite par Rochefort et son *Mot d'Ordre*. Les correspondants de certains journaux anglais, n'écoutant que leur haine de sectaires, se mirent aussi de la partie, et confirmèrent tous les détails de son récit d'après lequel on avait trouvé en résumé au couvent de Picpus trois religieuses folles, deux vieux lits orthopédiques et une crèche. C'était d'ailleurs tout ce qu'il fallait à Paris, à cette époque, pour être pillé, volé, emprisonné.

Pauvre congrégation de Picpus! avec quel acharnement les sbires de l'Hôtel de ville se sont rués sur elle! Avant de piller les religieuses et de les enfermer comme ils le firent à Saint-Lazare, au nombre de quatre-vingt-quatre, ils en avaient pillé et emprisonné les religieux. Nulle part ils n'ont autant volé, montré autant de fureur, commis autant de sacriléges. Dans l'église des religieux, ils ont mutilé une statue de la sainte Vierge, fusillé une statue de saint Pierre et de saint Joseph, brisé les reliquaires, enlevé les ostensoirs et les vases sacrés. Dans les cellules, ils ont coupé les bras du crucifix, décapité les images pieuses, brûlé papiers et livres. Ils ont arrêté tous les Pères et les ont tenus sous les verrous. Ils ont enfermé deux jours dans un cachot le Frère Liévin-Jacob, infirme. Ils ont mis le revolver sur la poitrine d'un autre (le Frère Brunet) et l'ont sommé de jurer qu'il n'y a pas de Dieu : « Eh bien, a dit tranquillement le frère, je jure qu'il y a un Dieu! » Et ils ne l'ont pas tué, ont-ils dit, pour ne pas faire un martyr.

Un seul établissement religieux semblait avoir échappé au pillage et aux audacieuses violations. C'était l'école d'Albert-le-Grand, tenue par les dominicains d'Arcueil et transformée en ambulance dès le début du siége de Paris. Les fédérés blessés y avaient trouvé, durant deux mois, abri, secours et dévouement. Il se rencontra cependant un bataillon, le 101ᵉ, qui cantonné dans le voisinage accablait de vexations les ambulanciers ses voisins; il les accusait d'avoir des intelligences avec Versailles.

Ainsi donc, le 19 mai, sous prétexte que les Pères avaient mis le feu au château pour donner à l'ennemi uu signal convenu, leur maison reçut la visite des citoyens Leo Meillet et Lucy Pyat, envoyés de la Commune de Paris et revêtus de l'écharpe rouge, Thaler, Prussien, sous-gouverneur du fort de Bicêtre, et du commandant Cerisier. Sur l'ordre de Leo Meillet, le Père Captier supérieur de la maison dut comparaître. On lui présenta un mandat de la Commune n'alléguant ni plainte, ni motif légal, mais signifiant à toutes les personnes de l'établissement, depuis le prieur jusqu'à la dernière servante de la cuisine, d'avoir à se mettre à la disposition des délégués.

Alors s'organisa le fatal voyage. Les religieuses et les femmes au service de l'école furent dirigées d'abord sur la conciergerie, puis sur la prison de Saint-Lazare, dernière station des femmes perdues. Quant aux Pères, aux professeurs et aux domestiques, on les conduisit au fort de Bicêtre et on les enferma dans une casemate. Ils y restèrent huit jours sans autre lit qu'un peu de paille, sans autre nourriture que du pain et de l'eau. Le 23 et le 25 mai, leur situation s'aggrava encore : ces infortunés furent privés de toute nourriture.

Pendant la captivité des Dominicains le pillage de leur collége s'exécutait également par l'ordre de Leo Meillet. Le 120ᵉ bataillon, aidé par deux cents hommes du 160ᵉ, enlevait les scellés, brisait les portes, chargeait une douzaine de prolonges d'artillerie et huit voitures de réquisition avec les meubles, les vêtements, la caisse, etc., en un mot toutes les valeurs, estimées quatre-vingt mille francs environ, et les expédiait sur le fort de Bicêtre.

Telles sont les persécutions sur lesquelles la Commune de Paris s'est chargée de fonder la liberté de conscience. Ce qui est grave, ce n'est pas qu'un certain nombre de sectaires aient osé, dans l'ivresse de leur éphémère triomphe, commettre d'aussi nombreux attentats ; c'est qu'ils aient pu le faire impunément en face d'une population de près de deux millions d'âmes, dont une partie applaudissait et l'autre partie se résignait. Le mal est profond, mais il faut presque rendre grâce à la Commune de l'avoir si clairement révélé.

IV

Pourquoi cette haine de la religion, cette proscription absolue du prêtre qui est peut-être le caractère le plus saillant de la révolution du 18 mars ?

Est-ce seulement comme il est dit dans les considérants du décret du 2 avril, parce que « le clergé a été le complice des crimes de la monarchie contre la liberté » ?

Non assurément.

Bien que l'on ait accusé le clergé de s'être montré favorable au coup d'État de 1851, on ne saurait dire que pendant les dernières années de l'Empire, sous l'influence des affaires de Rome, son attitude fut plus bienveillante envers le Pouvoir qu'elle ne l'avait été envers la monarchie de Juillet.

Ce n'était donc pas, comme l'ont affirmé plusieurs écrivains catholiques, ce n'était pas un sentiment de rancune ou de vengeance politique qui déchaînait contre la religion et ses ministres les colères de la Commune. Cette hostilité systématique tient à des causes plus sérieuses et remonte plus haut. Il faut voir là un symptôme de la maladie qui afflige notre temps, un

acte réfléchi du matérialisme qui, pour chemi-
ner dans les masses, invoque les traditions
révolutionnaires de 93 et les dépasse même.

CHAPITRE III

ATTENTATS CONTRE LA LIBERTÉ

Décret des otages. — Tyrannie de la Commune. — Garanties dérisoires données aux détenus. — Raison de
cette tyrannie.

I

Tout se tient dans l'ordre de la liberté;
quand on s'en écarte une fois, on n'y peut plus
rentrer et l'on arrive au despotisme de l'anarchie et du trône. Les maîtres de l'Hôtel de ville
ne se bornèrent pas à l'arrestation des prêtres
ou des religieuses, ils rendirent des décrets
de suspicion, ils proclamèrent la menace.

Le 2 avril, ils décrètent déjà la mise en accusation du chef du pouvoir exécutif et celle des
ministres, et la saisie de leurs biens, jusqu'à
leur comparution devant la justice du peuple.

Le 5, paraît au *Journal officiel* un décret
qui a dû faire tressaillir d'aise les mânes de
Robespierre et de Saint-Just, et aux termes
duquel toute personne, prévenue de complicité
avec le gouvernement de Versailles, sera immé-

diatement mise en accusation, incarcérée et maintenue comme otage.

Et pour que les portes de la ville restassent fermées sur les otages qu'on avait en main, il était interdit de sortir de Paris sans un permis de circulation. Les permis s'obtenaient à l'ex-Préfecture de police; mais un arrêté du citoyen Raoul Rigault faisait savoir à ceux qui iraient en demander, que s'ils étaient soupçonnés de vouloir se soustraire au service de la garde nationale ou d'avoir des rapports avec Versailles, ils seraient arrêtés séance tenante, et détenus jusqu'à ce que le jury d'accusation eût statué sur leur sort.

Voilà les principes d'équité que proclamait, au dix-neuvième siècle, la Commune de Paris, et elle comptait sur de pareils procédés pour se rendre favorables les puissances étrangères. Il n'est pas besoin de le démontrer : au point de vue de l'opinion et de la conscience publiques, prendre des otages c'est faire acte d'impuissance et surtout d'injustice, car on punit assurément un innocent pour celui que l'on croit coupable; c'est faire preuve aussi de haine, de dépit et de colère. Il n'y a qu'un mot dans la langue française pour qualifier cette nature et ce degré de passion, prendre des otages, c'est commettre une insigne lâcheté.

Le décret du 5 avril n'était pas seulement inique au fond, il était mensonger dans ses imputations, car le Gouvernement n'avait jamais poussé la Commune au moindre excès, et l'armée de Versailles ne s'était jamais montrée impitoyable et cruelle envers ses prisonniers.

II.

Il n'y avait plus désormais aucune sécurité pour les citoyens paisibles qui ne reconnaissaient qu'une autorité en France, celle de l'Assemblée nationale. Pour eux, il n'y avait plus ni lois, ni tribunaux, ni défense : la prison seule leur restait avec la perspective de la mort. La liberté individuelle, ainsi que toutes les autres libertés qui avaient fait le prétexte de l'insurrection du 18 mars, n'existaient plus que dans les colonnes du *Journal officiel*.

Tous les jours des prêtres, des magistrats, des gendarmes, des citoyens de toutes les classes étaient enfermés dans les prisons, sans mandat, sans motif et sans droit. L'insulte, les menaces, les mauvais traitements ne leur étaient pas épargnés ; et ce ne fut pas seulement en vertu des ordres de la Préfecture de police, tous les commissaires de police, les chefs de poste, de simples gardes nationaux, sur de vagues indices, une dénonciation anonyme, un propos, ordonnaient l'incarcération.

Un tel état de choses plongeait les Parisiens honnêtes dans la stupeur. Leur angoisse s'accrut encore lorsqu'ils virent la Commune s'efforcer de remplacer la conscription par le raccolement arbitraire et forcé. Partout on traquait les hommes, même ceux de la province, de passage à Paris, et jusqu'aux étrangers, pour les incorporer de force dans les bataillons de la garde nationale.

Malheur à qui résistait : rue de Trévise, un passant, ainsi arrêté, faisait observer au prétorien qu'il avait dépassé l'âge de la garde nationale. Pour toute réponse, celui-ci lui passa la baïonnette à travers le corps et le cloua au mur.

Toutes les polices étaient sur pied, tous les citoyens étaient invités à la dénonciation. La cour martiale, dont l'institution était sans doute une liberté nouvelle, avait pour but de soutenir le zèle de tous, d'effrayer les officiers qui refusaient le service, et de les obliger à contraindre les hommes qui ne voulaient pas marcher au combat.

Peut-on concevoir une tyrannie à la fois plus exécrable et plus inepte? Ce n'était pas seulement en face de la patrie que la Commune plaçait les soldats forcés à entrer dans sa milice, elles les mettait en présence de leurs parents et de leurs frères et elle leur ordonnait de tirer sur eux.

Que lui importait le deuil des familles, la désolation de la foule qui, après chaque combat, se pressait dans les cimetières et cherchait un des siens parmi les victimes non encore reconnues !

Nous n'oublierons jamais le lugubre tableau qui s'est offert un jour à nos yeux dans le cimetière de l'Est. Sur une longue ligne, dans une profonde tranchée, étaient rangés des cercueils dont le nombre s'accroissait à chaque instant. Un accès était ménagé, sous la surveillance des gardes nationaux, aux parents et aux amis qu'une poignante inquiétude amenait à cet endroit. Ces visiteurs anxieux défilaient silencieusement, levaient les couvercles des cercueils, en bois blanc, extrêmement mince, et cherchaient des traits connus. Un gémissement profond, un cri d'angoisse indiquait qu'un père, un fils, un frère venait d'être retrouvé. La plupart des corps étaient ceux d'hommes d'un certain âge, pères de famille. Presque tous étaient affreusement mutilés, criblés de balles, hachés par des éclats d'obus.

Ces victimes et cette douleur ne faisaient qu'accroître la rage de suspicion, de dénonciation et d'arrestation qui ne se produisit pas seulement au dehors de la Commune. Dans son propre sein on vit des membres se surveiller, s'emprisonner et se condamner à l'envie. Assi, Lullier, Bergeret, Clément, Allix, passaient tour à tour de l'Hôtel de ville à Mazas pour y rentrer bientôt à la sourdine, comme par la porte des artistes de leur comédie.

Un jour la Commune, effrayée, reconnaissait dans un ses membres un capucin défroqué. La Convention avait toléré Chabot, la Commune expulsa Panille dit Blanchet, et le remit en cellule pour crime d'ex-capucinade. Une autre fois, c'était Rossel arrêté et remis en garde au citoyen Gérardin. Une heure après, le geôlier et son prisonnier s'échappaient ensemble et Bergeret offrait de les poursuivre, espérant sans doute les rejoindre et s'évader avec eux.

Cluseret, Brunet, Mégy, Mortier, Clémence, Lebeau, Lemaçon et autres goûtèrent aussi tour à tour des douceurs de la Conciergerie, de Mazas et du Cherche-Midi. On n'épargnait même pas les républicains sincères : M. Schœlcher, ayant commis l'imprudence de venir de Versailles, pour juger l'état de Paris dont il était le représentant, fut emprisonné et n'obtint qu'après de grandes difficultés son élargissement.

III

Quelles garanties avaient sous la Commune ces détenus qui devenaient chaque jour plus nombreux? Il semblait naturel qu'on s'empressât de leur en donner quelqu'une. Il n'en fut pas ainsi, et les hommes de l'Hôtel de ville se contentèrent de remettre au délégué à la justice le soin d'interroger l'individu arrêté et de le faire écrouer ou relâcher.

Les prisonniers se trouvaient ainsi à la merci d'un seul homme, et cet homme était le citoyen Protot, l'homme selon le cœur du Père Duchêne. Le délégué à la justice, qui se heurtait d'ailleurs au délégué à la sûreté générale, toujours disposé à trouver les arrestations trop peu nombreuses, se borna à faire mettre en liberté un certain nombre d'individus arrêtés avant le 18 mars pour délits de droit commun.

Le premier tribunal régulier fut établi par le citoyen Cluseret, délégué à la guerre; c'était une cour martiale, composée du colonel Rossel, président, du colonel Henry, du colonel Razoua, du lieutenant-colonel Collet, du colonel Chardon, et du lieutenant Boursier, membre du Comité central.

Cette cour martiale, formée le 16 avril, à cause « des nécessités de la guerre », et en présence « de l'impossibilité de traduire devant un Conseil des légions, non encore existant, les cas exceptionnels qui exigent une répression immédiate, » avait une procédure sommaire qui fut réglée par un arrêté en date du 17 avril.

Ces dispositions n'étaient pas une vaine menace. La cour martiale exista et fonctionna aussitôt. Ses arrêts, d'une extrême rigueur, étaient irrévocables et exécutés sur l'heure.

IV

Comme toutes les révolutions, le mouvement du 18 mars s'était fait au nom magique de liberté, mais jamais moins qu'alors ce mot n'exprima une réalité.

On avait promis non-seulement « la garantie absolue de la liberté individuelle, de la liberté de conscience, » mais toutes les autres libertés. On avait proclamé « la liberté du travail » et les ouvriers furent contraints par la force d'abandonner l'atelier pour aller faire le coup de feu ; « l'intervention permanente des citoyens dans les affaires communales pour la libre défense de leurs intérêts, » et aux réunions publiques, qui essayèrent de se tenir, on opposa les baïonnettes; les journaux voulurent parler, on leur imposa silence par les suppressions et les arrestations. On avait annoncé « la fin du militarisme et du fonctionnarisme, » Paris ne fut plus régi que par la loi militaire; les affiches communatoires signées de mille et un fonctionnaires couvrirent les murs; la personne et le domicile des citoyens furent à la merci du premier venu qui s'intitulait délégué de la Commune.

La Commune, cependant, avait un besoin de liberté, c'était son but, et un besoin d'autorité c'était son moyen. D'où vient que la crise étant donnée, l'autorité entre ses mains est allée jusqu'au despotisme et la liberté jusqu'à l'anarchie ?

Ce double accès fut sous la commune athée un résultat de la nécessité. Dès qu'on a ôté à l'homme le droit divin, plus rien ne le couvre et ne protége sa liberté; nul droit humain ne lui reste, il est impunément insulté, il sera bientôt immolé et profané. Le naturalisme prétend vainement, en politique comme en religion, refaire l'homme bon et libre de la nature, il ne produit que l'homme fauve et l'homme esclave.

CHAPITRE IV

I

Après le grossier interrogatoire qu'on lui avait fait subir, l'Archevêque de Paris fut écroué avec M. Lagarde au dépôt de la Préfecture, et en même temps que Monseigneur et son grand vicaire, M. le président Bonjean et divers ecclésiastiques : M. Deguerry, les PP. Jésuites, deux prêtres des Missions étrangères et plusieurs séminaristes de Saint-Sulpice.

La conciergerie fut donc la première station des otages dans la voie douloureuse ; ils y passèrent trois jours.

Le 6 avril, assez tard dans la soirée, une voiture cellulaire, partagée en huit cases soigneusement fermées et séparées les unes des autres, emportait à Mazas l'Archevêque, M. l'abbé Lagarde, M. Bonjean, M. Allard, M. Croze et les PP. Ducoudray, Clerc et de Bengy.

Les Parisiens connaissent les voitures de la Préfecture, ils les ont vues quelquefois circuler dans les rues ; mais ils ne se doutent guère des souffrances qu'éprouvent les personnes qui y sont enfermées. Être enserré dans une case où l'on manque d'air, où le moindre mouvement vous fait heurter une des quatre planches qui vous étreignent, c'est se sentir encore vivant dans un cercueil, et pour peu que le trajet soit long, le malheureux reclus peut perdre connaissance.

Tel fut cependant le traitement qu'on ne rougit pas d'infliger à l'Archevêque de Paris ! Ses misérables persécuteurs se refusèrent absolument de lui épargner cette cruelle humiliation.

A Mazas, aucune distinction ne fut faite entre les otages et les malfaiteurs de droit commun, c'est-à-dire entre les membres les plus éminents du clergé et de la magistrature de France, et le voleur qui s'est emparé d'une montre ou l'assassin qui sous l'influence de l'ivresse a tué un camarade. Ils avaient les uns et les autres la même cellule étroite, le même lit, le même mobilier, — une chaise et une petite table, — et ce qui fut peut-être le plus pénible, ils étaient soumis à la même surveillance incessante. Les gardiens les observaient à toute heure du jour et de la nuit : pendant le jour par le judas des portes, et, la nuit, les portes des cellules devaient rester ouvertes et le gaz allumé, pour que les gardiens, qui se promenaient dans les corridors, pussent s'assurer par un coup d'œil de la présence des prisonniers.

Ces misérables, loin de chercher à adoucir les rigueurs de ce triste séjour, avaient au contraire reçu l'ordre exprès de les aggraver pour Monseigneur. Aussi infligeaient-ils chaque jour de nouvelles tortures à leur illustre prisonnier. Tantôt ils venaient devant sa cellule, et, là, se disaient entre eux des choses abominables; une autrefois, sous prétexte de parler de Paris, ils donnaient sur la ville les détails les plus extravagants et les plus sinistres. Ils racontaient avec une atroce volupté les soi-disant cruautés des Versaillais, et semblaient vouloir en faire retomber toute la responsabilité sur l'Archevêque et ses prêtres.

Sous l'influence du régime de la prison et des tortures morales que Mgr Darboy eut à subir, sa santé déjà si délicate se détériora promptement. Le mal même fit de tels ravages que le médecin en chef dut intervenir et déclarer aux bourreaux que s'ils ne plaçaient pas le prisonnier dans une autre cellule, et s'ils ne lui permettaient pas de suivre un autre régime que celui de la prison, dans quinze jours ils n'auraient plus qu'un cadavre.

Cependant, quelque triste que fût l'état de santé de l'archevêque, jamais sa force d'âme n'en fut ébranlée. Quand on lui demanda au nom de la Commune ce qu'il désirait, il fit cette fière réponse : « Je ne demande qu'une chose, c'est qu'on me dise pourquoi je suis ici. »

Telle était aussi dans cet air de mort la sérénité des autres prisonniers. Leurs lettres attestent le calme de leur âme, leur gaieté même ; à certaines heures, ils chantaient, comme autrefois les premiers chrétiens à la veille de mourir.

II

Sous l'influence de l'esprit antisocial qui les animait, les gens de la Commune n'avaient pas même conscience du caractère odieux de leurs procédés envers les otages. Ces étranges politiques songèrent même à se servir de leurs victimes pour forcer la main à M. Thiers, et, comme début, ils résolurent de proposer à celui-ci l'échange de Blanqui contre plusieurs otages.

En lui faisant entrevoir des représailles, des

exécutions terribles par l'émeute, ils arrachèrent à l'Archevêque de Paris une lettre proposant cet échange au chef de l'État.

M. Lagarde fut chargé de la négociation. On sait qu'elle ne réussit pas, grâce à l'ineptie de la Commune, comme l'a dit Raoul Rigault au bâtonnier des avocats.

La Commune, en effet, au lieu d'attendre le résultat des démarches de M. Lagarde, le compromit en envoyant à M. Thiers un nouveau messager pour se plaindre du traitement infligé aux prisonniers.

Le Conseil des ministres avait ajourné jusqu'à ce moment une décision d'où dépendait le sort de Monseigneur et des autres otages, mais à l'arrivée de M. le curé de Montmartre il n'hésita plus ; le soir même, il discuta la question de savoir si on rendrait Blanqui et la résolut négativement.

Blanqui était sous le coup d'une condamnation à mort par contumace ; il était donc régulièrement emprisonné, et la justice devait suivre son cours. Cette considération dicta la réponse du Gouvernement. Mais pressé par les instances de M. Lagarde, le Conseil des ministres ne voulut pas sur lui seul assumer la responsabilité d'une si grave résolution ; il s'adressa à la commission des Quinze et lui demanda son avis : la Commission à l'unanimité refusa l'échange des prisonniers.

De ce jour fut décidée par la Commune, annoncée hautement par ses journaux et demandée avec frénésie par les orateurs des clubs, la mort de Monseigneur et le massacre des otages.

« Les chiens, disait dans *la Montagne* Gustave Maroteau, ne vont plus se contenter de regarder les évêques, il les mordront ; nos balles ne s'aplatiront pas sur les scapulaires ; pas une voix ne s'élèvera pour nous maudire le jour où on fusillera l'archevêque Darboy. »

III

Le monde catholique et diplomatique s'émut vivement de ces sinistres dispositions. Le citoyen Nory Ott, délégué du lord maire de Londres, le nonce du pape et l'ambassadeur des États-Unis allèrent eux-mêmes à Versailles appuyer auprès de M. Thiers la demande précédemment autorisée par la Commune.

De son côté, le citoyen Flotte, que son amitié pour Blanqui avait déjà fait l'intermédiaire de la première négociation, vint remettre entre les mains du chef du pouvoir exécutif une nouvelle lettre, aussi pressante que les autres, de Mgr Darboy et de M. le curé de la Madeleine demandant au nom de la religion, au nom de l'humanité, au nom de la justice, le consentement de M. Thiers.

Le citoyen Flotte eut avec le chef du Gouvernement deux longues conversations, dans lesquels celui-ci déclara qu'il n'y avait plus à cette heure qu'une loi : la loi de la guerre.

Et M. Thiers, qui avait refusé la mise en liberté de Blanqui aux premières demandes de l'Archevêque, la refusa de nouveau à l'ambassadeur d'Amérique, au nonce du pape et au délégué du lord maire de Londres, en alléguant que l'élargissement du célèbre conspirateur donnerait à l'insurrection un chef trop dangereux.

IV

Quelle influence exercèrent sur le sort des otages ces refus successifs de M. Thiers?

Dans une pièce émanée du Conseil général de l'Internationale, il est dit formellement qu'elle fut décisive. Le Conseil attribue à cette détermination tous les massacres de mai.

« Le véritable assassin de l'archevêque Darboy, c'est Thiers : la Commune avait à plusieurs reprises offert d'échanger l'Archevêque et plusieurs prêtres par-dessus le marché, contre Blanqui seul, alors qu'il était entre les mains de Thiers. Thiers refusa obstinément. Il savait que Blanqui donnerait une tête à la Commune, tandis que l'Archevêque servirait mieux ses desseins quand il ne serait plus qu'un cadavre. »

Sans être aussi affirmatif, nous croyons cependant que le refus de M. Thiers contribua au massacre des otages, en préparant les esprits communeux à cette terrible éventualité qu'on leur représentait comme une simple et légitime représaille. Mais malgré les liens de religion et d'amitié qui nous unissaient à plusieurs de ces vénérables personnages, nous sommes bien obligé d'admettre qu'en repoussant la demande de la Commune M. Thiers accomplissait un des plus grands devoirs de l'ordre moral et politique. Accepter l'échange de prisonniers, c'était aux yeux de la France, des grandes villes surtout qui hésitaient entre les deux partis, reconnaître aux partisans de la Commune le caractère de belligérants ; c'était aussi faire acte de faiblesse gouvernementale en face des Prussiens qui suivaient, sans en rien perdre, les péripéties de cette lutte intestine et qui, on a lieu de le croire par la lettre du gé-

néral de Fabrice à M. Jules Favre, eurent une
forte tentation d'en profiter pour entrer dans
Paris et y faire la loi.

CHAPITRE V

I

En même temps que par sa loi dite des otages et l'indigne traitement qu'elle fait subir à ces innocentes victimes, la Commune de Paris essaye d'inaugurer la Terreur, le Comité central fait appel aux passions les plus dangereuses.

Il n'y a pas, en effet, de moyen plus sûr pour recruter des adhérents que d'opposer la pénurie des uns à la richesse des autres et de subordonner le bien-être général au nivellement des fortunes. On lève ainsi ces armées de misérables que les chefs des révolutions ont toujours trouvées prêtes pour le combat.

La Commune le savait bien, aussi elle confisqua la propriété au profit du prolétariat sous trois formes diverses.

Une première décision libéra les locataires de tous les termes dus, quels qu'en fussent le nombre et l'importance. Une seconde autorisa tous les débiteurs à différer pendant trois ans, *sans intérêts*, le payement de leurs dettes. — Enfin le décret du 16 avril convoqua les chambres syndicales à l'effet de constituer une Commission d'enquête chargée : 1º de dresser une statistique et un inventaire des ateliers abandonnés ; 2º de présenter un rapport établissant les conditions pratiques de la prompte mise en exploitation de ces ateliers, non plus par les déserteurs qui les ont abandonnés, mais par l'association coopérative des ouvriers qui y étaient employés ; 3º d'élaborer un projet de constitution de ces associations coopératives ouvrières ; 4º de constituer un jury arbitral qui devait statuer, au retour des patrons, sur les conditions de la cession définitive des ateliers aux sociétés ouvrières et sur la quotité de l'indemnité qu'auraient à payer les sociétés aux patrons.

L'insurrection du 18 mars n'a pas eu le temps d'appliquer sa doctrine ; mais elle s'en est dédommagée en portant plusieurs fois atteinte au principe de propriété. Dans ces cas elle procédait ordinairement par voie de réquisition et de spoliation.

Elle préleva près de neuf cent mille francs sur les chemins de fer ; elle taxa chèrement toutes les grandes institutions de crédit. La Banque de France dut se racheter cinq fois. Les quatre premières contributions s'élevèrent à sept millions et demi; la dernière devait aller jusqu'à dix, mais il lui fut accordé de se libérer à raison de quatre cent mille francs par jour; et l'armée de Versailles étant survenue, la Banque en fut quitte pour environ trois millions seulement.

Le 2 avril, les visites domiciliaires se multiplient. Dans le quartier de l'Élysée entre autres, des perquisitions de jour et de nuit sont faites dans toutes les maisons pour trouver des chevaux et des armes. Bientôt leur caractère s'accentue, c'est aux valeurs et aux caisses qu'on s'attaque. La caisse centrale des Halles est violée ainsi que celle de l'hospice du Val-de-Grâce. On s'empare en même temps de cent cinquante mille francs laissés pour les besoins urgents dans la caisse de l'Assistance publique. La Halle aux vins est mise sous séquestre et ses marchandises réquisitionnées. L'administration des pompes funèbres, qui est cependant une compagnie particulière, est envahie par les gardes nationaux du Comité, et l'Hôtel de ville y place un délégué avec la mission de recevoir toutes les sommes versées pour les convois.

On ne connaîtra jamais tous les faits de vol par violence et à main armée commis dans les couvents, les orphelinats et les maisons particulières, sans compter les centaines de mille francs extorquées à M. de Rothschild. Les comptables et caissiers des établissements envahis, qui refusaient de livrer leurs fonds, étaient arrêtés, et cette mesure s'étendait jusqu'aux chefs de gare.

Les propriétés privées n'étaient pas mieux respectées. Chaque arrestation était accompagnée d'une perquisition et de vols nombreux. A l'archevêché, le 4 avril, les officiers du 84e bataillon se faisaient remettre par M. l'abbé Petit, secrétaire général, une somme de quatre mille six cent quatre-vingt-huit francs cinquante centimes, et un inventaire complet des meubles et objets précieux. La chapelle n'avait pas été oubliée, et quand M. l'abbé Schœpfer y pénétra le 6, il constata que tout avait été saccagé comme dans le cabinet de l'Archevêque : plus de calices, plus d'ornements, plus de flambeaux sur l'autel ; les armoires étaient vides et brisées. Pendant les jours qui suivirent l'arrestation de Monseigneur, de grandes voitures de déménagement emportèrent le mobilier, et on eut soin de ne pas oublier le vin.

Le général Appert cite mille autres exemples

semblables : Chaudey fut arrêté, le 13 avril, dans les bureaux du *Siècle* par un commissaire de police qui, ne l'ayant pas trouvé chez lui, avait déjà essayé, mais en vain, de faire sauter la serrure du bureau. Ce commissaire était le sieur Pilotel ; il revint cinq jours après, accompagné d'un serrurier, força la serrure, et sur neuf cent quinze francs en mit huit cent quinze dans sa poche, en s'écriant avec emphase : « Il y a du sang sur cet or ! » Chaudey était accusé d'avoir fait tirer sur le peuple, le 22 janvier.

Dans un grand nombre de quartiers les habitations abandonnées furent réquisitionnées pour installer les états-majors, des bureaux, ou loger simplement des gardes nationaux de service. Immédiatement chacun s'emparait des objets à sa convenance, en opérant un déménagement en règle.

Les habitants de la banlieue se souviendront longtemps de la méthode savante qui présida à leur dépouillement. A Asnières, à Clichy, à Courcelles, à Courbevoie et dans trente autres localités, les gens de la Commune pratiquèrent le vol et l'effraction sur une échelle jusqu'alors invraisemblable : ils requéraient les ouvriers pour forcer les portes, et les passants pour charger sur les voitures le mobilier enlevé.

La nomenclature de tous les crimes et délits
de ce genre n'aurait pas de fin et ne peut trouver place dans ce livre. Nous pensons cependant devoir dire quelques mots des pillages
de Neuilly, pour donner une idée des procédés pratiqués ouvertement par les troupes de la
Commune, et de la situation faite aux habitants
par son gouvernement.

Jusqu'au 10 mai il n'y avait eu que des pillages isolés. A partir du 12, le 257ᵉ bataillon
qui avait remplacé le 117ᵉ ne montra aucun
scrupule. Le revolver au poing on expulse ce
qui reste d'habitants ; on brutalise et on menace de mort ceux qui résistent, on les conduit
en troupeau à l'état-major sous une pluie de
projectiles, pour les expédier de là sur Paris.
Une mourante ne trouve même pas grâce devant ces hommes attirés par l'appât du butin ;
comme elle ne peut marcher, on la porte sur
un matelas à travers les jardins.

Dès lors, ce ne sont plus qu'orgies et pillages. Comme toutes les maisons de Neuilly ne
sont séparées que par des jardins, on passe de
l'une à l'autre par des brèches, et on pénètre
dans les appartements en fracturant les portes
et les fenêtres. Robes de soie et de velours,
châles, dentelles, linge, rideaux, pendules, tableaux, curiosités et objets d'art, tout ce qui

peut s'emporter est choisi, empaqueté et envoyé à Paris. Les caves renferment encore du
vin, on s'enivre.

Si l'on ajoute que toutes les dépouilles des
malheureux habitants de Neuilly étaient por-
tées au domicile de ceux qui les avaient volées,
par l'omnibus destiné au transport des blessés ;
que, pour tromper la surveillance établie aux
barrières, quand on n'avait pas de blessé on en
simulait un ; que l'exemple était donné par l'é-
tat-major général, on pourra se faire une idée
de la façon dont les officiers et les soldats de
la Commune comprenaient la révolution du 18
mars, et comment ils appliquaient les théories
sociales.

Mais ce système de spoliation n'était pour
les gens de l'Hôtel de ville qu'une conséquence
nécessaire de l'état de guerre; ils devaient
aller plus loin encore.

Le 7 mai, la Commune mit la main sur les
immeubles des communautés. La gravité de
cette mesure n'échappa pas aux bourgeois de
la capitale. On savait que ces biens avaient été
acquis légalement avec la fortune mise en
commun des membres de la communauté qui
apportent une dot; que ces communautés
avaient acquitté régulièrement les droits énormes de mutation par héritage. Et lorsqu'on vit

des centaines d'hommes et de femmes brusquement mis sur le pavé, dépouillés de tout et condamnés à mourir de faim, uniquement parce qu'ils avaient vécu dans un communisme réel de leurs biens, on se demanda, en faisant abstraction du côté religieux de l'arrêté, quelle garantie resterait à la propriété si un décret pouvait dépouiller brusquement, *sans aucune indemnité*, des propriétaires qui ont acquis régulièrement, en se soumettant à toutes les exigences légales.

II

La formule de l'universalité, que la nouvelle révolution avait adoptée dans son programme, s'appliquait à tout, à la patrie, à la famille comme à la propriété. Les nations, les sentiments, les intérêts, elle noyait tout dans un déluge universel.

Ainsi, dans le programme de la Commune, la patrie n'existait plus; elle était remplacée par la « République universelle ». — Le 10 avril, la garde nationale ayant manifesté du mécontentement et de l'inquiétude par suite de la nomination d'un Polonais au commandement de la place de Paris, la Commission exécutive lui adressa une proclamation, dans laquelle elle représentait le « citoyen » polonais comme « un soldat dévoué de la République universelle. »

Voici enfin comment s'exprimait, le 2 août, le *Journal officiel* de la Commune : « ...Il y a ce parti du passé qui, pendant la guerre, mettait sa valeur au service de ses priviléges et de ses traditions bien plus qu'au service de la France ; qui, en combattant, ne pouvait défendre notre patrie, car la patrie ce n'est pas seulement la vieille terre natale, mais aussi les conquêtes politiques, viriles et morales de la Révolution... » Que devient, ainsi entendue, l'idée de patrie ? Il n'y a plus de Français, d'Allemands, de Russes ni d'Anglais, mais seulement des citoyens du monde, les partisans d'une prétendue doctrine humanitaire.

III

Relativement à la famille, les actes de la Commune ont été peu nombreux, il est vrai, mais ils suffisent pour montrer le cas qu'elle faisait de ce lien si sacré pourtant.

Parmi les maires et les adjoints qui voulaient bien procéder à la célébration civile du mariage, il y en avait un grand nombre qui n'y consentaient que par égard pour d'antiques préjugés. Dans une lettre intime, trouvée parmi les pièces d'un procès plaidé à Versailles, l'un de ces officiers de l'état civil plaisantait fort agréablement sur son intervention dans les cérémonies nuptiales.

Par un décret du 18 avril la Commune décida que des pensions seraient allouées aux veuves et aux enfants, « reconnus ou non », des citoyens morts à son service. D'après l'interprétation qui fut donné à ce décret, demeuré sans exécution faute de fonds, les veuves n'avaient pas besoin d'être plus légitimes que les enfants ; les garanties du mariage et les conditions de la paternité étaient également indifférentes. Ce n'était pas une mesure de commisération ou de politique, c'était la doctrine sociale.

CHAPITRE VI

Physionomie de Paris. — Attitude des journaux.
— Les feuilles de la Commune.

I

Ce que poursuivaient en réalité les maîtres
de Paris dans cet anéantissement de toute liberté et de toute propriété, c'était le règne de
leur domination absolue, l'asservissement de
la grande ville. Ils eurent lieu d'être satisfaits.

Voici le tableau saisissant que M. Jules Rou-
quette a fait de la capitale, après le 18 mars :

« La vie semble s'arrêter tout à coup. Paris
est comme frappé de paralysie. La Bourse cote
à peine les valeurs ; les cafés se ferment, les
ateliers chôment, la population fuit de toutes
parts. On avait eu la famine, on a la disette ;
les Halles n'ouvrent que trois fois par semaine.
Pendant le premier siége on était réduit à la
portion congrue, sous la Commune, Paris fut
mis au pain dur : le 20 avril, en effet, un dé-

cret de l'Hôtel de ville interdisait le travail de nuit dans les boulangeries.

« Les relations postales et télégraphiques étaient complétement interrompues. Plus de nouvelles de la province. Les lettres de ceux qui vous étaient chers étaient arrêtées et centralisées à Versailles ; ce n'est qu'à la fin de mai qu'elles furent enfin distribuées. Pour atténuer le mal, des agences particulières s'étaient établies à Paris et se chargeaient à grands frais du transport des correspondances. On semblait revenu aux premiers âges du service postal. Le plus souvent ceux qui, en raison de leur âge, pouvaient sortir de Paris, étaient obligés d'aller soit à Charenton, soit à Saint-Denis, déposer eux-mêmes ou recevoir leur courrier ; bien heureux encore lorsqu'on n'avait pas été arrêté ou fouillé par les gardes nationaux postés à toutes les gares, et qui prenaient plaisir à visiter les voyageurs et leurs bagages, retenant scrupuleusement ce qui était vivres ou valeurs d'or et d'argent.

« Avec ses usines muettes, les étrangers absents, sans mouvement d'affaires enfin, Paris, on peut le dire, agonisait. C'était la misère en perspective, et c'est elle qui avait donné à la Commune la plupart de ses recrues. Les théâtres étaient fermés ; à peine si deux ou trois scènes ouvraient leurs portes à un public clair-semé. Sans doute, dans le but d'égayer un peu cette nécropole, la Commune avait imaginé d'instituer des concerts aux Tuileries, où l'on était admis moyennant un franc par personne ; mais le Jardin se trouvait de la sorte interdit à la majorité des citoyens, car, à ces heures de détresse profonde, beaucoup devaient s'interdire de distraire la moindre somme de leur travail journalier. »

II

Quelle fut alors l'attitude de ces intrépides publicistes qui s'étaient déjà montrés si courageux et si dignes au lendemain du 18 mars ? L'accord, établi à ce moment entre des journaux de toutes nuances, se maintint quant à l'opposition au pouvoir insurrectionnel. Il y eut bien, au point de vue du droit pur et des convenances de la situation, quelques regrettables défaillances. Un certain nombre de journaux, surtout dans la presse républicaine, ne sut pas s'abstenir de critiques inopportunes à l'égard des pouvoirs légaux qui étaient le dernier boulevard de la société menacée, ni de comparaisons imprudentes entre leurs actes et ceux de la Commune qui semblait mise sur la même ligne que le gouvernement de Versailles. Mais c'est une justice à leur rendre, au moment où tout cédait, ces journalistes persistèrent à relever la tête, et cela malgré toutes les dénonciations et les recherches dont ils étaient l'objet. Ce sont les écrivains de la presse conservatrice qui, jusqu'au dernier moment, ont engagé les bataillons de l'ordre à demeurer dans leurs quartiers, ce sont eux qui ont encouragé la résistance non interrompue, blâmé la fuite, rallié les *francs*-fileurs et surtout désapprouvé les élections.

Nous ne pourrions rapporter le texte de tous les arrêtés qui furent pris contre la presse, ils sont trop nombreux. Les hommes du 18 mars, qui avaient passé leur vie à attaquer, à injurier, à calomnier tous les pouvoirs, ne pouvaient supporter qu'on discutât leurs actes. La moindre contradiction leur arrachait des cris de paon. Après avoir supprimé un grand nombre de journaux, ils arrêtèrent les journalistes ou les traquèrent, mirent les imprimeries sous les scellés et firent lacérer ou brûler publiquement les numéros de différentes feuilles. Ils avaient la conscience de leur impuissance et ils savaient bien que la légitimité de leur pouvoir n'aurait pas résisté à quelques heures de discussion sérieuse et libre.

III

Si jamais la manifestation de la pensée n'a été moins libre que sous le règne de la Commune, si jamais la presse n'a été soumise à plus d'arbitraire et exposée à plus de persécutions, c'est aussi parce que la plupart des journalistes qui siégeaient à l'Hôtel de ville voulaient créer un monopole à leur profit.

Il est indispensable, pour bien connaître l'esprit de cette époque, de donner la physionomie des journaux qu'elle vit naître.

L'*Officiel* de la Commune fut confié à Longuet, qui se constitua l'épurateur et le polisseur des discours et des comptes rendus des séances de l'Hôtel de ville; il écourtait, modifiait, altérait selon son bon plaisir.

Le *Cri du Peuple*, de Jules Vallès, annonça le premier que Paris serait brûlé : « Si vous êtes chimiste, monsieur Thiers, vous nous comprendrez. »

La *Montagne*, de Gustave Maroteau, attaquait ainsi les ministres de M. Thiers :

« La ville entière s'est levée au son des trompettes; nous allons, vautours, aller vous prendre dans votre nid, vous apporter tout clignotants à la lumière. La Commune vous met ce matin en accusation ; vous serez jugés et condamnés, il le faut ! Heindrich, passe ton couperet sur la pierre noire. »

Le *Mot d'Ordre*, de Rochefort, a poussé à la destruction de la colonne Vendôme, à la démolition et au pillage de la maison de M. Thiers, au pillage des églises.

Le *Père Duchêne*, rédigé par Vermersch, A. Humbert et Vuillaume, a eu une influence détestable sur les décisions de la Commune. Cette feuille, écrite en un style grossier, avait emprunté à Hébert, l'écrivain trivial et vénal de la première Révolution, sa manière immonde de traiter la politique.

L'*Affranchi*, de Paschal Grousset, s'exprimait ainsi au plus fort de la lutte contre Versailles :

« Œil pour œil, dent pour dent. — Les portes de Paris sont fermées. — Nul ne peut sortir de la ville. — Nous avons en main des otages. — Que la Commune rende un décret, que les hommes de la Commune agissent. — A chaque tête de patriote que Versailles fera tomber, qu'une tête de bonapartiste, d'orléaniste, de légitimiste de Paris roule comme réponse. — Allons, soit ! Versailles le veut. — La Terreur ! »

L'*Avant-Garde*, de Secondigné, se distinguait par la violence de ses attaques contre les troupes françaises.

La *Commune* faisait appel à toutes les violences révolutionnaires.

Paris-Libre, rédigé par Vésinier, publiait sous le nom de *Liste des Mouchards* la nomenclature des hommes qui avaient demandé un emploi à la Préfecture de police sous l'Empire.

Le *Vengeur*, de Félix Pyat, refusait toute conciliation et appelait lâches ceux qui proposaient de traiter avec Versailles.

Etc., etc.

Voilà les principales feuilles qui, pendant soixante-six jours, ont eu le privilége de surexciter jusqu'au délire une population bienveillante et civilisée entre toutes !

CHAPITRE VII

L'instruction communale. — Les clubs.

I

La Commune n'entreprenait pas seulement une œuvre politique, elle visait aussi à une œuvre morale. Fonder le régime communal et fédéral ne lui paraissait pas suffisant, elle voulait encore régénérer le peuple de Paris. C'est pour cela qu'elle s'efforça, par un enseignement nouveau, d'arracher enfin les âmes à l'ignorance et à la superstition cléricales.

L'enseignement secondaire resta cependant à l'abri d'actes directs d'ingérence; ses membres purent continuer leurs fonctions sans recevoir d'autres ordres que ceux de leurs chefs légitimes. Il en fut de même de l'enseignement supérieur. Une réorganisation révolutionnaire fut tentée cependant à l'École de médecine, mais elle échoua misérablement. La Commune ne montra de sollicitude que pour l'enseignement primaire. Elle prétendait établir je ne sais quel enseignement intégral ; mais au fond ses délégués de l'enseignement n'eurent jamais d'autre but que de faire triompher l'instruction gratuite, obligatoire et exclusivement laïque. Cela impliquait l'expulsion de tous les Frères de la Doctrine chrétienne, de toutes les Sœurs dirigeant des écoles religieuses.

L'opinion publique ne pouvait supposer cependant que l'on voulût frapper cette grande famille des Frères des écoles chrétiennes, qui s'est imposé la tâche d'élever, d'instruire, d'aimer les enfants du pauvre : car pour instruire, il faut aimer. On se rappelait avoir vu ces religieux sous les murs de Paris, quand le canon grondait, s'élancer dans la neige pour ramener nos blessés, et, entraînés par la charité, dépasser nos avant-postes et tomber sous les balles. La mort sur un champ de bataille pour un pauvre infirmier qui l'a affrontée sans armes, sans colère, cela avait paru tout simplement sublime. Aussi la population de Paris ne pouvait croire à une persécution contre les Frères, mais elle ne devait pas tarder à être détrompée.

Du 10 au 13 avril, la Commune expulsa les Frères de Montrouge, de Belleville, de Saint-Nicolas-des-Champs, et les remplaça par des laïques.

Le 17, on cerna dans leur maison, au moment même où ils faisaient la classe, les Frères de Ménilmontant, qui, jusqu'au 22, furent retenus prisonniers et ne cessèrent d'être en butte à toutes sortes de menaces et d'insultes.

Du 19 avril au 7 mai, toutes les écoles dirigées par les Frères se fermèrent successivement, et le mouvement d'émigration de ces religieux se continua. Toutefois il ne put s'opérer d'une manière complète. Déjà on avait arrêté dans sa communauté le Frère directeur de Sainte-Marguerite et deux de ses confrères. Vers le 7 mai, on arrêta soit aux gares, soit aux portes, soit même au delà des remparts, trente-quatre Frères émigrants.

Les vénérables Sœurs de Saint-Vincent, que Paris, même dans les jours de fièvre révolutionnaire, avait toujours respectées comme l'expression la plus haute et la plus pure de la charité et du dévouement chrétien, se virent remplacer par des institutrices laïques, sans autre recommandation, le plus souvent, que celle d'une instruction insuffisante et d'une moralité plus douteuse encore.

En même temps que la Commune chassait les Frères et les Sœurs de toutes les écoles, elle ordonnait d'en faire disparaître les crucifix

« dont la présence offense la liberté de conscience ».

Qu'y a-t-il donc sur la croix, *qui offense la liberté de conscience?* C'est le fils de l'homme, non point au milieu de sa gloire, que les socialistes trouveraient scandaleuse, mais sur son gibet de honte, fondant par la souffrance la religion de l'humilité et du sacrifice. Celui qui saigne sur cette croix, c'est le doux Nazaréen, qui naquit dans une étable et qui vécut de son travail ; il prêcha l'égalité des hommes devant Dieu, la seule vraie ; il a consolé tous les souffrants, tous les vaincus ; il pleura toutes les larmes de l'humanité, il fut méconnu sans devenir méchant, il fut pauvre sans manifester d'envie, il sut rendre les hommes meilleurs sans prêcher la révolte et le crime. Livré par les grands et insulté par les avocats de Jérusalem, il mourut en pardonnant à tous.

II

Pour accomplir son œuvre de régénération, la Commune ne se contenta pas de bannir des écoles l'esprit et les symboles de la religion, elle s'empara des églises dévastées et les métamorphosa en clubs hideux.

Le 28 avril, elle installa le club de la salle Molière à l'église de Saint-Nicolas des Champs. Ce jour-là, on se serait cru au temps de la première Commune révolutionnaire : c'était une sorte de vignette de 1793. L'église était éclairée comme pour une grande fête ; une foule immense inondait la nef centrale et les bas côtés, foule tapageuse, hurlante, qui saluait d'applaudissements frénétiques chaque motion violente. Les femmes étaient en grand nombre, plusieurs avec des enfants dans les bras.

Le bureau siégeait à l'autel et le président agitait la sonnette qui sert pour la messe. Les orateurs montent en chaire. L'un fait l'éloge des clubs. L'autre se livre aux plus furibondes invectives contre le clergé catholique qu'il accuse de lâcheté de mensonge, d'exploitation du peuple, et demande la tête de l'Archevêque et des otages pour les envoyer à M. Thiers en réponse à ses proclamations. L'enthousiasme de l'assemblée tient du délire. Chaque discours se termine par un cri formidable de Vive la Commune! qui roule sous les voûtes gothiques.

De vingt clubs on répondit à cet appel : Saint-Pierre-de-Montrouge, Saint-Bernard, Saint-Ambroise, la Trinité, Saint-Eustache, Saint-Germain-l'Auxerrois, Saint-Sulpice, eurent leurs réunions publiques qui révalisèrent de violence, de sottise, d'impiété.

Ces scandales firent grand bruit et devinrent pour les masses un attrait de plus. Ainsi le 29 avril, les clubs fleurissent de toutes parts : clubs pour la discussion des affaires publiques, — clubs pour la propagation des opinions incendiaires ; — clubs pour les hommes, et même clubs pour les femmes.

De tous les points de l'horizon on vit accourir, au secours de la Commune en danger, le noir bataillon de la bohème féminine.

« Femmes de Paris, en avant, — s'écriait à Montrouge une jeune citoyenne, — nous avons du pétrole et des haches ; en avant ! »

Voilà *l'instruction* que l'on donnait au peuple, et le peuple en profita malheureusement trop bien.

CHAPITRE VIII

Réorganisation des forces de la Commune et reconstitution des troupes de Versailles. — Dispositions prises par les deux armées. — Succès des Versaillais. — Rossel.

I

Parallèlement aux décrets de l'Hôtel de ville et à l'agitation intérieure des partisans de la Commune, se produisaient des événements militaires qui ne devaient pas tarder à dominer la situation politique.

Après la déroute de Neuilly, *l'héroïque* Bergeret, accusé de trahison et coupable d'avoir favorisé l'amour désordonné du galon, fut arrêté comme l'avaient été tour à tour Assi et Lullier, et on fit une enquête. En même temps on confiait le commandement en chef à Cluseret, ancien capitaine de l'armée que quelques actions d'éclat pendant la guerre de sécession avaient fait nommer général en Amérique.

Pour l'aider à déblayer le chaos de l'anarchie

qu'il trouva au ministère de la guerre, Cluseret accepta le concours du polonais Iaroslaw Dombrowski. Cet aventurier qui, en hôte ingrat de la France, allait aider à répandre le sang français, s'empressa de prendre le titre de général, malgré le décret de la Commune, et soutint pendant quarante jours de suite le choc de l'armée régulière.

On ne s'explique pas tout d'abord l'inaction de celle-ci après ses premiers succès. Mais le gouvernement de Versailles, préférant avec raison ne frapper que des coups certains, avait dû, d'après le conseil des généraux, en venir à l'idée d'un investissement et d'un siége en règle. Un assaut était impossible avec le petit nombre de troupes dont le Gouvernement pouvait disposer.

Il fallait reconstituer toute une armée, chefs et soldats ; et, pour y parvenir, on fut réduit à la nécessité de s'adresser aux Prussiens et de leur demander humblement l'autorisation d'augmenter nos forces sur la rive droite de la Loire. Nos vainqueurs voulurent bien y consentir, et le retour des troupes prisonnières en Allemagne compléta enfin l'armée active de Versailles.

Un seul homme avait conservé sur le soldat un prestige assez grand pour qu'aucun ne refusât de marcher sous ses ordres, c'était le blessé de Sedan, le héros de Magenta.

L'armée de l'ordre, placée sous son commandement, comprenait, lors de sa formation : l'armée de Versailles proprement dite, composée de trois corps, sous les ordres du maréchal de Mac-Mahon, et l'armée de réserve, sous les ordres du général Vinoy. Le 1er et le 2e corps, ainsi que l'armée de réserve, comptaient chacun trois divisions d'infanterie et une brigade de cavalerie légère ; deux batteries d'artillerie et une compagnie du génie étaient attachées à chaque division ; deux batteries à balles et deux batteries de douze formaient la réserve d'artillerie de chacun de ces corps. Le 3º corps, entièrement composé de cavalerie, comprenait trois divisions, à chacune desquelles était attachée une batterie à cheval. La réserve générale de l'armée comprenait dix batteries et deux compagnies du génie, elle était spécialement chargée de garder la ville où résidait l'Assemblée nationale.

A ce moment, Paris et le fort du sud étaient au pouvoir de l'insurrection; seul, le Mont-Valérien était entre les mains de l'armée. Les troupes réunies à Versailles sous les ordres du général Vinoy avaient occupé, dans les premiers jours d'avril, Châtillon, Clamart, Meudon, Sèvres et Saint-Cloud, ainsi que Courbevoie et la tête du pont de Neuilly.

II

Telles étaient les positions des combattants lorsque, le 11 avril, le maréchal de Mac-Mahon indiqua à chacun des corps les emplacements à occuper et les dispositions à prendre.

Le 2ᵉ corps, sous les ordres du général de Cissey, fut chargé des attaques de droite; il s'établit à Châtillon, Plessis-Piquet, Villacoublay et dans les villages en arrière sur la Bièvre. Le 1ᵉʳ corps, sous le commandement du général Ladmirault, fut chargé des attaques de gauche. La division Maud'huy occupa Courbevoie et la tête du pont de Neuilly; la division Montaudon, Rueil et Nanterre; la division Grenier campa à Villeneuve-l'Étang.

L'armée de réserve, commandée par le général Vinoy, formait deux divisions en première ligne; l'une d'elles occupa Clamart, Meudon et Bellevue; l'autre, Sèvres et Saint-Cloud; une troisième resta en réserve à Versailles; le 3ᵉ corps, sous les ordres du général du Barrail, fut chargé de couvrir l'armée sur la droite.

Du côté de la Commune, les forces destinées à la défense avaient été divisées par Cluseret en deux grands commandements :

Le premier, s'étendant de Saint-Ouen au Point-du-Jour, était confié à Dombrowski.

Le second, allant du Point-du-Jour à Bercy, était attribué à Wroblewski.

Le quartier général du premier commandement était au château de la Muette, et celui du second à Gentilly.

Toutes les communications relatives au service devaient être adressées au délégué à la guerre par l'entremise des généraux commandant en chef; les communications faites directement n'étaient pas prises en considération.

III

A cause du grand nombre d'ennemis qu'elle avait à combattre et aux fortes positions qu'ils occupaient, un coup de main était impossible pour l'armée régulière. Son intérêt était de se rapprocher peu à peu de l'enceinte, de s'emparer successivement des forts de Vanves, d'Issy et de Montrouge, des hauteurs de Courbevoie, des positions de Neuilly et d'Asnières, et enfin, après avoir rejeté les fédérés en dedans de l'enceinte fortifiée de Paris, d'en faire les approches régulièrement, et de donner sur plusieurs points un assant décisif, que supporteraient difficilement, après un temps donné, les défenseurs de la Commune. Ce plan fut donc adopté, malgré les lenteurs qu'il devait entraîner et le chiffre considérable de troupes qu'il nécessitait.

Le 12 avril, une première tentative fut faite sur les deux ponts de Neuilly et d'Asnières. Ce sont les deux seules voies ouvertes sur Paris de ce côté ; et il était extrêmement utile à l'armée d'y établir des places d'armes pour assurer aux troupes la possession de cette porte de la ville.

L'action commença par un mouvement du colonel Grémelin qui, à la tête d'un régiment de gendarmerie, s'empara de la caserne de Courbevoie, et bientôt après de la barricade élevée à la tête du pont. Mais les fédérés conservèrent la position d'Asnières.

Le lendemain, le général Montaudon s'empara à la fois des maisons d'angle, côté de Puteaux et de Courbevoie, et mit fin au combat en occupant le pont de Neuilly, la barricade et une partie de l'avenue de Courbevoie.

A partir de ce moment, la lutte fut en quelque sorte stationnaire sur ce point; mais du côté d'Asnières il fallait nécessairement marcher en avant.

Le 17 avril, ce village tomba au pouvoir des soldats de Versailles, à la suite de combats meurtriers, et leur assura de ce côté un avantage qu'ils ne perdirent jamais, malgré les engagements qui se livrèrent tous les jours pendant un mois depuis Neuilly jusqu'à la gare d'Asnières.

Par suite de ces coups de main, l'insurrection se trouva définitivement confinée sur la rive droite; et le corps de Ladmirault resta dès lors sur la défensive.

A la droite, le corps de Cissey s'avança vers le fort d'Issy, en établissant des parallèles entre Clamart et Châtillon.

Les travaux de tranchée et la construction d'une série de batteries établies sur les crêtes à Châtillon, Meudon et Bellevue, absorbent la période du 11 au 25 avril.

Pendant ce temps, le 4e et le 5e corps d'armée sont créés par décision du 23 avril, et sont placés sous le commandement des généraux Douay et Clinchant; ils doivent prochainement prendre part aux travaux du siége.

Le 25 avril, les batteries des attaques de droite ouvrent leur feu. Le lendemain, on poursuit les travaux d'approche à droite et à gauche du fort d'Issy, afin de le déborder sur deux côtés et de l'isoler autant que possible. Et le 29, dans la soirée, le cimetière, les tranchées et le parc d'Issy sont enlevés par le concours de trois colonnes composées de bataillons des brigades Derroja, Berthe et Paturel.

Le commandant du fort était Mégy; il n'avait pas attendu ce moment pour disparaître. Les gardes nationaux complétement démoralisés rentrèrent tous à Paris, les habits couverts de boue et en lambeaux.

IV

Cet incident fut pour la Commune un coup de foudre. Suivant son habitude de s'en prendre toujours à quelqu'un de ses mésaventures, le gouvernement insurrectionnel révoqua immédiatement Cluseret de ses fonctions, et approuva son arrestation ordonnée par la Commission exécutive. Le colonel Rossel fut chargé de l'initiative et de la direction des opérations militaires.

Qu'était M. Rossel? Un élève de la Flèche et de l'École polytechnique, qui, placé dans l'état-major du génie à Metz, s'était évadé de cette place lors de la capitulation et avait offert ses services au gouvernement de la Défense. Il fut nommé par lui colonel et chargé d'organiser le camp de Nevers.

A la nouvelle de l'insurrection du 18 mars, Rossel donna sa démission d'officier dans l'armée régulière et vint mettre son épée à la disposition de la Commune. Énergique jusqu'à la cruauté, doué d'une belle intelligence et de connaissances étendues, il fut une précieuse acquisition pour les chefs de l'insurrection.

Il débuta par un mot énergique.

Le gouverneur du fort d'Issy l'ayant sommé de se rendre lui et tout le personnel enfermé dans le fort, dans le délai d'un quart d'heure, Rossel fit cette impudente réponse au major de tranchée :

« Mon cher camarade,

« La première fois que vous vous permettrez d'envoyer une sommation aussi insolente que votre lettre autographe d'hier, je ferai fusiller votre parlementaire, conformément aux usages de la guerre.

« *Votre dévoué camarade,*

« ROSSEL,

« Délégué de la Commune. »

Une ronde d'inspection, qu'il fit tant aux quatre forts du sud qu'aux remparts, lui donna cette conviction que tant d'ouvrages avancés étaient réellement imprenables, du moins pour le moment; mais les fortifications n'étaient plus une force suffisante là où l'armée fédérée n'était rien.

Un moment, il conçut l'espoir de réformer l'armée, mais sa menace de faire canonner les fuyards n'empêcha pas ses troupes de fuir à la moindre alerte. Les fédérés furent battus non plus au fort, mais au village de Vanves qu'ils durent délaisser. Or, Issy et Vanves manquant, Bicêtre et Montrouge étaient menacés. En même temps, Dombrowski était repoussé à Neuilly, et l'armée de Versailles acquérait un effectif considérable.

Rossel était trop intelligent pour ne pas voir que bientôt tout serait perdu pour la Commune.

Il profita de la prise du moulin Saquet par les Versaillais, pour se plaindre très-haut de la désobéissance des chefs de bataillon, du désarroi des intendances, de la confusion de tous les pouvoirs militaires, et la Commune n'osa pas le destituer !

Quelques jours plus tard, le 9 mai, paraissait tout à coup cette affiche de Rossel, au milieu des triomphants bulletins qui annonçaient la victoire sur toute la ligne :

« COMMUNE DE PARIS.

« Midi et demi.

« Le drapeau tricolore flotte sur le fort d'Issy, abandonné hier soir par sa garnison.

« *Le délégué de la guerre*

« ROSSEL. »

Le coup était rude, mais on le para avec la botte habituelle, c'est-à-dire en criant à la trahison. Le héros Rossel devint aussitôt un misérable traître, et l'ordre de l'arrêter fut donné par le Comité de salut public.

Rossel fut arrêté en effet et détenu à la questure d'où il s'évadait bientôt après, grâce à la connivence du citoyen Girardin, pour prendre avec lui la clef des champs, ou plutôt celle d'un appartement qu'il habita pendant deux mois, jusqu'au jour où il fut découvert et conduit à Versailles.

Autour de Rossel fusillé il a été fait un grand bruit. Certes, il nous répugne d'attaquer la mémoire d'un homme qui a expié ses crimes par la mort, mais l'histoire doit avoir le courage d'appeler les choses par leur nom : Rossel est un effroyable traître, voilà la vérité. Il a commis de tous les forfaits le plus monstrueux : la trahison du soldat assassinant la patrie devant l'ennemi qui applaudissait. Non content d'être traître et assassin lui-même, il a forcé au crime de pauvres êtres qui en sont morts,... apportant dans son œuvre une férocité qui révoltait parfois jusqu'à la Commune elle-même.

CHAPITRE IX

I

Bien que portée à se faire illusion, la Commune conçut des doutes sur l'issue de la lutte, quand elle vit se succéder les échecs de ses troupes.

Après les premières défaites, elle avait fait un appel suprême à l'intervention pacifique ou armée des départements. Un soulèvement général pouvait seul la sauver. Dans ce but, ses agents avaient parcouru la France, quêtant des sympathies au mouvement communal de Paris.

C'était là un aveu de détresse dont Versailles saisit immédiatement le sens, et qui ne trouva pas d'écho dans les départements. Les tentatives d'insurrection qui eurent lieu à Limoges, à Narbonne, à Toulouse, échouèrent, moins par la vivacité de la répression, que par suite de l'indifférence générale ; fatiguée de guerre, la province était encore plus lasse de révolution.

Déçue de ce côté, la Commune stimula sous main l'ardeur conciliatrice de l'*Union républicaine des droits de Paris*, sorte de Comité formé de gens naïfs ou remuants que la Commune exploitait habilement à son profit.

Mais obligé de maintenir intacte entre ses mains l'autorité que la France lui avait conférée, le chef du Pouvoir exécutif ne pouvait ni subir des conditions ni prendre des engagements qui, en humiliant cette autorité, eussent du même coup porté la plus déplorable atteinte au grand principe de l'unité nationale. Or, avec les institutions que lui attribuait le programme de l'*Union* républicaine, Paris devenait, par la force des choses, une cité à part. Aussi, M. Thiers le rejeta nettement quand il lui fut présenté par MM. Adam, Desonnaz et Bonvallet ; mais il manifesta des dispositions qui étaient de nature à satisfaire tous ceux qu'animait la seule et sincère revendication des droits de Paris.

La Commune crut se faire la situation meilleure en continuant la lutte, et renia aussitôt la *Ligue d'Union républicaine* comme si elle avait agi à son insu ; mais elle voulut encore essayer de la conciliation quand elle vit l'armée française s'approcher par Neuilly et Asnières, en même temps qu'elle écrasait sous ses projectiles les forts d'Issy et de Vanves. Plusieurs nouvelles délégations de la *Ligue de l'Union républicaine* firent le voyage de Versailles. Mais le résultat de toutes ces allées et venues était invariablement le même : M. Thiers répétait son programme et la Commune le sien.

La Commune, à bout de ressources, s'adressa alors à la franc-maçonnerie. Beaucoup de ses membres, déposant leur masque, se jetèrent dans l'arène des partis et s'y montrèrent à visage découvert. Ils avaient commencé par adresser un manifeste aux membres de la Commune comme au gouvernement de Versailles, qu'ils adjuraient au nom de l'humanité et de la fraternité d'arrêter l'effusion du sang. Ce manifeste n'ayant pas produit l'effet qu'ils en attendaient, les francs-maçons décidèrent qu'ils feraient une démonstration publique, sorte d'exhibition théâtrale sur le résultat de laquelle ils se croyaient en droit de beaucoup compter.

A dix heures et demie, les loges des trois rites : le Grand Orient, le rite Écossais et le Mesraïsme, se réunirent dans la cour du Louvre et sur la place du Carrousel, et se dirigèrent sur l'Hôtel de ville à travers les flots d'une population pour qui tout est spectacle. Ah !

qu'ils étaient donc ridicules, ces francs-maçons, avec leurs ceintures, tabliers, sautoirs, bannières et autres oripeaux, bons peut-être pour le huis clos, mais qui n'auraient jamais dû s'exposer ainsi au grand jour des railleries populaires !

Une députation de toutes les loges pénétra dans la cour du Palais municipal et y fut reçue par tous les membres de la Commune, au son des clairons et des tambours. Il y eut échange de discours ; Jules Vallès orna même une des bannières de son écharpe écarlate, aux grands applaudissements des assistants.

Du Châtelet à Neuilly, où les francs-maçons devaient s'aboucher avec l'armée de Versailles, le chemin le plus direct était de descendre la Seine ; mais la Commune tenait à ce qu'une telle manifestation ne fût pas perdue pour le peuple de Paris, on fit remonter le cortége vers la Bastille pour suivre ensuite toute la ligne des boulevards.

Les francs-maçons étaient arrivés tout près des remparts où ils allaient planter leurs inutiles bannières. Nul doute qu'à la vue de ces enseignes redoutables les Versaillais n'oseraient continuer le feu ! Cependant, l'audacieux Mont-Valérien, sans respect pour un si ridicule clinquant, salua les véritables frères d'un envoi de boîtes à mitrailles qui les fit détaler à toutes jambes.

« Quel bonheur ! disait un fuyard, nous avons un des nôtres blessé…. Sans cette heureuse chance, nous aurions été ridicules. »

Les Parisiens se bornèrent à rire de ce dénoûment ; mais quelque plaisant qu'il paraisse, on ne peut s'empêcher de reconnaître que derrière les devises mensongères de la paix les francs-maçons se sont ralliés à la Commune, dont tous les actes furent une insulte à la civilisation et à la liberté ; ils ont quitté leur rôle d'apaisement pour pactiser avec les hommes du pillage et de la terreur !

Des diverses tentatives de conciliation il n'était en somme résulté qu'une suspension d'armes, pendant laquelle les habitants de Neuilly, pris entre deux feux, avaient pu évacuer les caves dans lesquelles ils vivaient enfermés depuis près d'un mois. Le seul résultat de toutes ces démarches fut qu'elles aidèrent la Commune à tromper la population sur les véritable état des choses et sur les véritables causes de la guerre civile. Elles contribuèrent aussi à ébranler l'autorité légitime du suffrage universel, régulièrement représentée par l'Assemblée nationale. Il ne pouvait sortir rien autre chose de ces pourparlers. Le chef du Pouvoir exécutif et l'Assemblée étaient placés en face d'une situation telle qu'il leur était in-

terdit d'accepter une base quelconque d'une
négociation en règle, sous peine d'anéantir à
tout jamais en France non-seulement le principe
d'autorité, mais le principe de la loi elle-même.
Pour eux, il y avait fatalement à l'Hôtel de ville
et sur les remparts de Paris des coupables que
l'on pouvait amnistier, mais avec lesquels on ne
pouvait traiter.

II

On aurait droit de s'étonner que les hommes
d'ordre n'eussent tenté aucun effort pour se
retrouver, se compter et s'organiser en apercevant l'abîme où les avaient jetés les maires
et les députés signataires des appels au vote
du 26 mars. Ce reproche serait injuste, et si les
honnêtes gens ne firent pas autant de bruit et
de démonstrations que la Ligue républicaine,
il faut se rappeler que la Ligue était l'alliée, au
moins indirecte, sinon la complice de l'Hôtel
de ville, tandis que le parti de l'ordre était
l'objectif de ses fureurs et de ses violences.

Cependant, dès les premiers jours d'avril, un
groupe de citoyens dévoués se mettait en rapport
avec Versailles. Il était prêt à tout affronter, à
tout entreprendre pour faire cesser le triste état
de choses dans lequel gémissait Paris, et pour

préparer à l'intérieur les moyens de seconder
et d'assurer les mesures militaires prises au
dehors.

A la tête de ce mouvement, se trouvaient le
colonel Domalain, de la légion bretonne, et le
colonel T. Charpentier, de la garde nationale de
Paris. Munis de pleins pouvoirs par Thiers
et M. Ernest Picard, et d'accord avec le
Ministre de la marine et la Commission des
Quinze, ces deux officiers s'occupèrent surtout
de paralyser l'action communaliste sur la garde
nationale.

En même temps, ils s'entendaient avec le
commandant en second des Tuileries, avec
l'inspecteur général des barricades, et même
avec un certain nombre des chefs de l'insurrection. Félix Pyat, Dombrowski et Cluseret, prévoyant la chute aussi prochaine qu'inévitable
de la Commune, prirent une part plus ou
moins connue à cette conjuration : Félix Pyat,
comme toujours, pour sauver sa personne ;
Dombrowski, dans l'intérêt des hommes qu'il
commandait, et Cluseret pour un motif de spé-
culation.

Cluseret fut dénoncé par Eudes, qui avait
entre les mains les preuves de la défection de
l'ex-délégué à la guerre, et d'un payement important qu'on devait effectuer le 5 mai. Eudes

crut voir dans l'abandon du fort d'Issy une première mise à exécution du complot. A ce crime on ajoutait l'intervention de Cluseret en faveur de l'Archevêque, intervention obtenue à prix d'argent par les amis du vénérable prélat.

L'incarcération du général amena la découverte d'une réaction intérieure armée. C'était le *complot des Brassards.*

L'idée d'emprunter un brassard tricolore, comme signe de ralliement, était venue à plusieurs depuis la tentative de l'amiral Saisset. Les conciliabules du Grand-Hôtel l'avaient vue éclore, et, lorsque l'état-major de l'amiral s'était dispersé, la grande préoccupation des partisans de l'ordre qui effectuaient leur retraite sur Versailles, et de ceux qui continuaient leur séjour à Paris, avait été de savoir comment ils reconnaîtraient leurs amis; c'est pour cela que le département de la guerre se mit à faire confectionner des brassards. Ces bandelettes à trois couleurs, estampillées au cachet du ministère, devaient être distribuées aux gardes nationaux restés fidèles le jour où l'armée pénétrerait dans Paris. Le ministre de l'intérieur, qui s'attendait constamment à la prochaine réoccupation de la capitale au moyen d'une surprise, fabriquait aussi des modèles de brassards. Des auxiliaires de la police les introduisaient au fur et à mesure dans Paris, et les remettaient à des chefs de groupes. Mais le Comité central ayant découvert quelques-uns de ces signes de ralliement, les délégués de la Commune faisaient chaque jour des perquisitions.

Cependant, malgré la vigilance de l'Hôtel de ville et le zèle de ses agents, la garde nationale restée fidèle ne cessa de communiquer avec le gouvernement de Versailles et de prendre ses ordres.

Dans les derniers jours de l'insurrection, alors qu'une attaque était imminente, le colonel Domalain écrivait à M. Thiers de l'avertir vingt-quatre heures à l'avance, pour qu'il pût prévenir ses hommes et les grouper au premier signal; mais ce signal ne fut pas donné, l'attaque ayant été faite à l'improviste.

Il ne fut tenté que quelques mouvements isolés, doublement périlleux; car, sans ordre, sans mot de ralliement, on avait tout à craindre de la défiance des soldats comme de la fureur des fédérés. Les hommes de cœur qui ont payé de leur vie ces actes d'audace, les commandants Durouchoux et Poulizac, le capitaine Verdier, n'en font que plus d'honneur à la garde nationale fidèle.

Des circonstances fortuites empêchèrent la

formation et la réunion des groupes au moment de l'assaut, comme ce fut le défaut de prudence de Cluseret qui empêcha son complot de réussir. Il était écrit que Paris, qui le premier avait tiré l'épée, serait châtié par l'épée!

CHAPITRE X

Institution du Comité de salut public. — Exécution
de la colonne Vendôme.

I

Il y avait plusieurs jours que la Commune
de Paris était entrée dans la période aiguë que
M. de Moltke appelle l'heure psychologique ;
le dénoûment allait venir sanglant, terrible.

Pour faire face aux difficultés qui grandis-
saient de jour en jour, les hommes de la Commune, alors dominée par les Jacobins, ne comptaient plus que sur un expédient : la Terreur.
Ils instituèrent un Comité de salut public pour
les aider à se défendre et leur permettre de
répandre plus longtemps la mort.

Dans ce conseil, qui rêvait déjà de faire
sauter des monuments et d'égorger des otages,
il y avait un homme de lettres, le vieux Pyat :
il était l'acier du Comité ; les autres membres,
Antoine Arnaud, Léo Meillet, Ranvier et

Charles Gérardin n'étaient que le plancher et les montants; ce comité dura à peine une semaine : il avait été constitué pendant une absence de Deslescluze.

Ce dernier se prononça énergiquement contre lui, le 9 mai, et, le même jour, la Commune par son influence reconstitua le Comité qui se composa des citoyens Antoine Arnaud, Ranvier, Eudes, Gambon et Delescluze.

La démission de Rossel amena Delescluze à abandonner la Commission exécutive, dès le lendemain de sa nomination. Il devint alors délégué à la guerre, et dans ses nouvelles fonctions il fit preuve de la plus impitoyable énergie.

A son instigation, la Commune supprima tous les journaux hostiles au nouveau gouvernement; des mesures sévères furent prises pour relever la discipline chez les fédérés; et Delescluze, renonçant à défendre Paris au moyen de barricades, concentra tous les moyens de défense sur le rempart. Mais les socialistes du 18 mars, forcés de subir l'ascendant funeste de son talent, ne lui avaient jamais pardonné de faire passer la révolution politique avant la rélution sociale. A peine était-il au pouvoir que derrière lui s'agitaient le Comité central, le Comité de salut public et la Commune, dont les dissensions intestines allaient paralyser ses efforts. La Commune, divisée en deux camps, tirait à droite et à gauche, sans plus s'occuper du délégué à la guerre, pendant que le Comité central s'efforçait de lui arracher une part de son autorité.

A cette première heure de l'agonie, tout se débattait dans un indicible trouble. Si la population saine se fût soulevée pour répondre à la proclamation que M. Thiers fit afficher dans Paris, et dans laquelle il l'invitait à secouer le joug des fantoches qui opprimaient la capitale depuis deux mois, la partie eût pu se gagner plus tôt, et on aurait peut-être évité la catastrophe finale.

Mais à ce dernier appel, on ne répondit pas plus qu'on ne l'avait fait au 18 mars. Le parti de l'ordre avait alors laissé faire, maintenant il ne pouvait plus remuer : il n'avait ni drapeau, ni point de ralliement, ni chefs, ni armes, ni argent.

Cependant, si peu pratique qu'elle fût dans quelques-uns de ses détails, la proclamation de M. Thiers produisit un grand effet : elle était un dernier avertissement à la Ville, et comme une dernière sommation à la Commune, elle indiquait le commencement de la fin. Le gouvernement de l'Hôtel de ville ne s'y trompa point. C'est pourquoi il prit alors, en se jouant, la plus odieuse mesure contre le président du Conseil, il ordonna la démolition de la maison de M. Thiers.

Jusqu'à ce jour les plus téméraires avaient hésité. Au bout de vingt-quatre heures, l'attentat dont on avait cru incapables les hommes de la Commune était consommé; il ne resta debout que quelques murs.

II

La Commune comptait sur l'énergie révolutionnaire du nouveau Comité de salut public et du délégué civil à la guerre; elle ne fut pas trompée. En peu de jours (le Comité fut le maître seulement du 11 au 23), les mesures les plus rigoureuses se succédèrent. A la date du 15 mai, pensant voir des traîtres partout, l'Hôtel de ville rajeunissait le décret de la Terreur relativement aux cartes de civisme. Quiconque serait trouvé non-porteur de cette carte pourrait être arrêté par le premier garde national venu.

Le 16, fut exécutée la colonne Vendôme dont la démolition avait été décrétée le 12 avril. En 1814, les Prussiens avaient épuisé contre ce trophée leur fureur impuissante, ils devaient réussir en 1871. Il se trouva alors, comme nous en avons vu sous la Commune, des Français assez indignes de ce nom pour se faire les agents de nos vainqueurs.

En vain la voix du poëte aimé des foules s'éleva contre le sacrilége, la colonne fut renversée.

Une députation se rendit à l'Hôtel de ville immédiatement après la chute du monument, elle fut reçue par Miot et Ranvier.

Miot prononça alors l'allocution suivante ;

« Le peuple est patient, il se résigne à supporter le joug et l'humiliation, mais sa vengeance n'en est que plus terrible le jour où elle éclate. Malheur à ceux qui le provoquent et excitent jusqu'au bout son légitime courroux ! Jusqu'ici notre colère ne s'est exercée que sur des choses matérielles, mais le jour approche où les représailles seront terribles. »

Ranvier, le membre du Comité de salut public, fut encore plus explicite :

« La colonne Vendôme, la maison de M. Thiers, la chapelle expiatoire, dit-il, ne sont que des exécutions matérielles. Mais le tour des traîtres et des royalistes viendra inévitablement si la Commune y est forcée. »

Le programme des abominables assassinats,

qui devaient quelques jours plus tard épouvanter le monde, était donc nettement tracé, et les scélérats, qui l'ont fidèlement suivi, avaient reçu leur mot d'ordre.

Le 17 mai, la Commune, s'en référant à son décret du 5 avril 1871, en demanda la mise en exécution et passa à l'ordre du jour.

En exécution de ce vote, les jurys d'accusation furent convoqués; en deux jours, environ vingt-cinq sergents de ville ou gendarmes passèrent devant les jurys, et sur ce nombre trois ou quatre seulement furent renvoyés. Les autres furent retenus comme otages, ce qui équivalait dans les circonstances à une condamnation à mort.

Alors la Terreur fut à son comble. L'angoisse, mais une angoisse inconnue jusque-là, régnait sur tous les visages; on attendait avec la plus grande impatience l'armée de nos libérateurs, mais on redoutait en même temps le dernier coup de canon. Les bruits les plus sinistres circulaient sur l'issue de la lutte; le Comité central faisait annoncer tous les soirs dans les clubs que Paris ne se rendrait jamais, qu'il était sillonné de torpilles, que les égouts étaient de vastes réceptacles de poudre; que tout sauterait à l'arrivée des Versaillais, que l'ennemi ne trouverait que des ruines sur son passage.

On savait par la dure expérience qu'on avait faite du vandalisme de la Commune, que celle-ci était capable de tous les excès. Depuis plusieurs jours on voyait passer de grandes charrettes chargées de pétrole dont on ignorait la destination ; les bataillons insurgés se précipitaient vers les Champs-Élysées ; le tambour battait la générale à chaque heure de la nuit ; le crépitement de la mitrailleuse et le bruit du canon se rapprochaient peu à peu et devenaient étourdissants. Les rues étaient désertes, et il serait difficile de se faire une idée du froid glacial que jetait dans les veines la solitude des grandes voies ; les vieillards seuls pouvaient sortir sans porter l'uniforme de garde national. Les barricades négligées depuis quelque temps se relevaient partout ; une atmosphère de plomb sembler peser sur Paris ; les poitrines manquaient d'air : c'était le supplice clairement annoncé par le prophète de la Révolution[1].

1. Proudhon.

TROISIÈME PARTIE

CHUTE DE LA COMMUNE

CHAPITRE PREMIER

BATAILLE DES SEPT JOURS

Première période : Prise de Montmartre; 2ᵉ période .
Prise de la place Vendôme, de l'Hôtel de ville, du Château-d'Eau; 3ᵉ période : Fin de l'insurrection.

I

La canonnade incessante et vigoureuse qui,
depuis plusieurs jours, ne cesse de battre l'enceinte des fortifications, au sud-ouest de Paris,
a ouvert de ce côté quelques brèches pratica-
bles. L'assaut doit avoir lieu, le 22 ou le 23 mai,
sur deux points du rempart : au sud entre
Vanves et Montrouge, et à l'ouest au Point-du-
Jour.

Tout se prépare pour ce grand acte lorsque
dans l'après-midi du dimanche, vers trois
heures, au moment même où le feu de nos bat-

teries est dirigé avec la plus grande énergie contre la porte de Saint-Cloud, un homme, risquant mille fois sa vie, apparaît tout à coup : il agite un mouchoir blanc et par l'insistance de ses signaux attire enfin l'attention des assiégeants. C'est Jules Ducatel, piqueur au service municipal de Paris : ayant constaté que l'artillerie de Versailles avait délogé les insurgés, il vient, bravant héroïquement la mort, en avertir nos troupes. Craignant une embûche nos officiers hésitent à s'avancer vers lui, lorsque n'écoutant que son courage le capitaine de frégate de Trèves s'élance au-devant de l'inconnu.

Ainsi, par le dévouement de ces deux hommes ont été conservées tant de précieuses existences qu'on aurait sacrifiées dans la fureur d'un assaut. En accélérant la prise de possession de Paris, ils ont peut-être aussi arraché la ville entière à la destruction par le feu. L'histoire doit s'incliner avec une respectueuse gratitude devant ceux qui ont exposé leur vie pour prévenir un pareil désastre.

Deux compagnies du 31ᵉ de ligne (division Vergé) pénètrent aussitôt un par un dans la place, où entrent à leur suite le général Clinchant, commandant l'attaque de la rive gauche (5ᵉ corps), le général de Ladmirault, commandant le 1ᵉʳ corps, et le général Vinoy, commandant l'armée de réserve, et bientôt toute l'armée.

Jusqu'au lundi matin, il n'y a que peu ou point de résistance. Mais au tumulte croissant de la fusillade, au bruit du rappel et du tocsin les gardes nationaux se rassemblent et se concertent. Des estafettes répandent partout le mot d'ordre : Des barricades ! aux barricades ! C'est le dernier appel de la Commune expirante.

Les boulevards extérieurs, les deux quais, depuis la rue du Bac, les abords de l'Opéra, de Notre-Dame de Lorette, ainsi que les alentours de Saint-Sulpice et du Panthéon, tels sont les points spécialement travaillés, afin de protéger par une ligne continue de défenses, de Montrouge à Montmartre, le quartier général de l'Hôtel de ville.

Si l'armée avait pu dans la journée et la nuit du lundi continuer sans le moindre retard son mouvement offensif dans Paris, il est à peu près certain qu'elle eût traversé facilement tous ces essais de barricades, encore informes et faibles ; mais ne connaissant que très-imparfaitement la ville, les généraux se préoccupèrent des positions maîtresses et stratégiques, avant de chercher à enlever les obstacles.

Le lundi matin, l'armée se forme en cinq colonnes, la première opère à gauche ayant pour objectif la barrière d'Italie et le Panthéon : c'est celle du général de Cissey. Au centre, sur la Seine, le corps du général Vinoy et celui du général Douay ; à droite, la colonne du général Clinchant.

Le mardi 23 mai, l'attaque s'est étroitement serrée autour de Montmartre. Le général Clinchant emporte les barricades de la place Moncey et de la rue Lepic ; le général Ladmirault enlève l'avenue Trudaine et la mairie. A trois heures de l'après-midi, le drapeau tricolore flotte sur les buttes. La prise de Montmartre, tel est le succès essentiel qui clôt la première période de l'attaque.

II

C'est au centre de Paris que s'accomplissent les événements les plus importants de la seconde période.

Du mardi au vendredi la place Vendôme, l'Hôtel de ville, la place du Château-d'Eau, tombent au pouvoir de l'armée, mais après des luttes effroyables. Les pièces accumulées autour du palais municipal tonnent sans relâche. Les fédérés résistent pied à pied derrière les innombrables barricades qui hérissent avenues, quais et ruelles sur une double et triple profondeur. La nuit ne paraît pour ainsi pas sur le théâtre du combat, car elle est éclairée par la lueur sinistre de l'incendie qui remplit l'air et consume l'Hôtel de ville, comme il a consumé les Tuileries.

Nous renonçons à décrire toutes les horreurs de cette seconde période de la bataille qui dura trois jours, sans trêve ni merci : le théâtre Saint-Martin incendié, ainsi que les maisons à l'entrée de la rue Turbigo et du boulevard Voltaire; les devantures éventrées; les plaques de tôle tordus; d'énormes blocs de terre détachés; du sang aux pavés; des cadavres partout; cela dépasse ce que l'on a pu voir sur les champs de bataille durant le siége prussien.

Pendant ces mortelles heures, les habitants ont vécu dans les caves, affamés, tenus en angoisse par le bruit de la fusillade qui éclatait jusque dans les allées des maisons. Là on s'égorgeait à bout portant, avec des cris horribles, des gémissements poignants et des silences de mort.

III

Nous sommes au vendredi : la concentration des corps d'armée autour de Belleville commence déjà; l'insurrection, acculée dans son dernier refuge, touche enfin à son terme.

Ce jour-là s'exécute la marche du général Vinoy dans le faubourg Saint-Antoine. Tandis qu'il enveloppe Charonne, le général Ladmirault opère une marche semblable sur la Villette. Les deux corps d'armée prennent simultanément position sur le revers du Père-Lachaise et sur le revers des buttes Chaumont.

Enfin le lendemain 28 mai, septième jour de bataille! cette horrible page de notre histoire nationale se termine au milieu des tombes brisées par les dernières balles. Une heure après, on lit sur les murs de la ville reconquise :

« Habitants de Paris,

« L'armée de la France est venue vous sauver. Paris est délivré.

« Nos soldats ont enlevé à quatre heures les dernières positions occupées par les insurgés.

« Aujourd'hui la lutte est terminée ; l'ordre, le travail et la sécurité vont renaître.

« Au quartier général, le 28 mai 1871.

« *Le maréchal de France, commandant en chef,*

« DE MAC-MAHON,
« duc de Magenta. »

Et le Paris intelligent, le Paris honnête pousse un long soupir de délivrance!!!

CHAPITRE II

Incendie des monuments. — Horrible spectacle de Paris
incendié. — Énormité de ce forfait. — Les églises mi-
raculeusement épargnées.

I

Le 24 mai, un cri s'élevait, effaré, douloureux, cri d'horreur et de détresse : Paris brûle !

Ce monument incomparable, ou plutôt cet
ensemble grandiose de monuments et de ma-
gnificences sans rivales, les Tuileries et le
Louvre, ce centre de notre histoire, que tous
les arts avaient concouru à immortaliser, avait
été livré aux flammes dans la nuit du 23 au 24
par un garçon boucher nommé Bénot, fait colonel par la Commune.

L'imagination la plus exaltée ne peut se faire
une idée de ce spectacle, pas plus que la plume
n'arriverait à le décrire. Cette immense façade
de quatre cents mètres de développement, vomissant par des centaines d'ouvertures des
langues ardentes qui allaient se perdre dans

les aigrettes de flammes dardées par les combles ; les intermittences soudaines de cette éruption permettant au regard de scruter dans ses détails l'intérieur incandescent du palais ; puis, pour couronner cette œuvre de pyrotechnie infernale par un bouquet digne d'elle, la grande coupole centrale de Philibert Delorme s'abîmant dans une gerbe de feu qui sembla jaillir jusqu'aux étoiles effarées : ce sont là les quelques linéaments d'une description impossible.

Nous allons suivre de monument en monument les progrès des flammes. Vers quatre heures, les nouvelles devenant de plus en plus mauvaises, on se dispose à incendier le Louvre. Malgré les supplications et les larmes des gardiens de ce trésor, un groupe armé jusqu'aux dents et le pétrole à la main envahit le pavillon de la bibliothèque, verse le liquide sur les parquets et dans la cage de l'escalier, et sort par une cour de la caserne du Louvre en laissant derrière elle un sillage incandescent.

Le Palais-Royal était trop voisin des Tuileries et du Louvre pour être épargné par les incendiaires. C'est dans l'après-midi du 24 qu'ils y mirent le feu. Les balles qui sifflaient sur la place du Palais, les obus qui pleuvaient dans l'intérieur empêchèrent de porter d'efficaces secours, aussi la flamme eut bientôt acquis une effrayante intensité. Toute la nuit les lueurs rouges de l'incendie ensanglantèrent le ciel ; ce ne fut que le 25 au matin qu'on put organiser quelques secours. Mais le zèle des sauveteurs fut paralysé par la ruse : à un certain moment, le pompier qui dirigeait le jet s'aperçut qu'il lançait du pétrole au milieu des flammes. Dans la soirée seulement on se rendit maître du feu. Mais la galerie qui restait du palais édifié par Richelieu, celle du Trône et la plus grande partie du monument, rebâti après l'incendie de 1763, étaient complétement détruites.

Les Tuileries en cendres, le Louvre en flammes, le palais des princes d'Orléans détruit, ainsi que le ministère des finances, la rue Royale couverte de décombres et montrant ses entrailles, la moitié de Paris saccagée et baignant dans le sang, tel était le spectacle que présentait la rive droite.

On espérait que les hommes qui ont demandé le plus haut les franchises municipales auraient du moins respecté la maison du peuple de Paris ; et c'est là précisément que les ravages de l'incendie ont été le plus effroyables, là que la fureur de la révolution a été déployée dans toute son horreur. Quatre pans de murs, c'est tout ce qui reste de ces constructions célèbres, au sein desquelles s'est passé presque toute l'histoire de Paris. Honte à ces Vandales qui ont accompli de sang-froid ce que les Prussiens n'ont pas osé faire pendant la guerre!

Cette horreur et cet effroi que les habitants de Pompéi éprouvèrent quand les cendres et les laves du Vésuve firent une éruption subite, la population de Paris les a ressenties. Pas un quartier qui ne s'est vu menacé, pas un habitant qui n'ait eu à redouter le feu et la mort. A peine vient-on de constater l'horrible dégât de l'élément destructeur dans une rue, que l'incendie se déclare plus loin. Une main invisible promène la torche par tous les toits et au fond de toutes les caves. On arrête des femmes et des enfants au moment où ils lancent le pétrole et l'étoupe enflammée. De tous côtés on découvre des fils électriques communiquant à des mines.

L'idée de Paris brûlé et anéanti, cette idée que l'imagination n'eût pas osé concevoir, semble près de se réaliser. Les Tuileries, le Louvre, le ministère des finances, le Palais-Royal, l'Hôtel de ville, tant de monuments, d'hôtels et de maisons brûlent encore que des flots de flammes et de fumée s'élèvent à l'horizon, sur la rive gauche. Le Conseil d'État, le Châtelet, le Palais de justice s'embrasent simultanément. On dirait un océan de feu élevant jusqu'au ciel ses vagues alternativement rouges et noires. Nous avons eu la douleur de contempler ce spectacle à la fois horrible et grandiose ; Paris semblait n'être plus qu'une agglomération de volcans où cent cratères lançaient des torrents de flammes. Les monuments épargnés se détachaient en noir sur le fond éclatant des incendies ; et comme pour donner à cette scène quelque chose de plus lugubre encore, le fleuve la reflétait dans ses ondes.

Dans cette dure sentence de la Commune contre les monuments de Paris, le Palais de justice était justement condamné. Dans ses réduits obscurs, dans ses greffes poudreux, il cachait un trésor : les parchemins, les blasons et les archives d'une société maudite que l'on s'était promis d'anéantir sans retour. Il fallait que tout pérît : les contrats, les jugements, les titres d'hérédité, ces lois qui nous gouvernent, qui nous lient ; tout, jusqu'à nos noms, jusqu'à nos antiquités domestiques, jusqu'à ces actes sacrés que les générations se transmettent l'une à l'autre, comme le seul témoignage durable de leur passage sur la terre.

Le foyer principal de la rive gauche se trouve entre la Halle aux vins et la gare d'Orléans. Les vastes approvisionnements d'alcool et les dépôts d'huile de pétrole du Jardin des plantes fournissent des matières terribles à l'incendie. A chaque instant, d'immenses jets de flammes, dont la lumière du soleil n'empêche pas l'éclat, s'élèvent jusqu'à une hauteur prodigieuse, et des flots accumulés de fumée épaisse forment un vaste nuage qui s'étend jusqu'à Versailles. Des détonations successives se font entendre : c'est le bruit du canon ou le fracas prolongé des explosions.

Mais ce n'est là qu'un prologue, c'est en arrivant à la place de la Bastille que le vrai spectacle se déroule. Toutes les voies qui aboutissent à cet immense espace y versent des cataractes de ruines et de scories. On se croirait au centre du cratère d'un volcan éteint. Au milieu se dresse la colonne de Juillet, brûlée aussi, car les insurgés avaient fait de son fût une colossale torche à pétrole. Elle est hideuse et grotesque. Criblée de coups de mitraille et d'obus, noircie, bosselée, déformée, elle a l'aspect d'un vieux tuyau de poêle.

A gauche, tout le long du quai du Canal et sur une étendue de plus d'un kilomètre, fument les débris de l'Arsenal et des entrepôts de la Villette. C'est un spectacle navrant, épouvantable, que celui de ces quelques pans de murs calcinés et brûlants, qui seuls indiquent encore la place où furent tant d'objets de prix et de précieuses denrées devenues la proie des flammes.

Ces docks se composaient de trois bâtiments principaux, situés tous les trois au bord du canal de l'Ourcq, et contenaient peut-être pour quinze ou vingt millions de francs de marchandises, non-seulement en blé, farine, avoine, colza, huile, mais surtout en objets de provenance exotique, cachemires des Indes, châles de Perse, soieries de Chine, etc., etc.

Les insurgés, prévoyant qu'ils ne pourraient tenir longtemps encore à la barricade établie, près de là, sur le boulevard de la Villette, vinrent répandre des bonbonnes d'essences minérales au pied des murs de l'entrepôt, et y mirent le feu. Il était impossible aux voisins de porter le moindre secours, car la barricade fut défendue pendant une demi-heure au milieu d'une véritable grêle de balles et d'obus. Tous les bâtiments n'ayant qu'un rez-de-chaussée qui longe le canal ont été préservés ; mais les deux corps situés à l'autre extrémité ont été entièrement consumés.

Nous ne pous pouvons énumérer les propriétés particulières qui sont devenues la proie des flammes.

Dans la maison qui fait l'angle de la rue du

faubourg Saint-Honoré et de la rue Royale, des filles de magasin et des servantes, pour se soustraire aux projectiles des combattants, s'étaient réfugiées dans les caves. Refoulés par les troupes de Versailles, les fédérés avaient battu en retraite, laissant à leur suite les misérables chargés de mettre une barrière de feu entre eux et l'armée victorieuse ; l'incendie s'alluma en même temps aux quatre coins du carrefour et rendit bientôt toute fuite impossible ; les malheureuses filles, abandonnées de tous, périrent misérablement, écrasées sous les décombres ou brûlées vives.

Rue de Rivoli, les maisons qui faisaient face à la colonnade du Louvre furent détruites, ainsi que le n° 79, habité par l'ancien maire du premier arrondissement.

La maison portant le n° 38 de la rue de Rivoli a été sauvée, grâce à l'énergie et au courage d'un voisin, le docteur Joulin, professeur à l'École de médecine, et de M. Levasseur, pharmacien, rue de la Monnaie. Contraints de l'épargner, les fédérés la saccagèrent ; les meubles et tous les objets la garnissant furent jetés par les fenêtres. Les habitants étaient menacés d'être fusillés ou de périr dans les flammes.

Sur la rive gauche de la Seine, la rue de Lille est une de celles qui ont le plus souffert.

Dix-neuf maisons ont été incendiées. Dans la rue du Bac, neuf sont encore en ruine.

Les maisons 9, 11 et 13 du boulevard Sébastopol et une partie des magasins de Pygmalion furent brûlées. Le mardi, à trois heures du soir, deux gardes nationaux et un artilleur se présentaient à l'appartement de M. Santon, syndic de faillites, et y déposaient une quantité considérable de pétrole.

Nous terminerons cette funèbre énumération de ruines en rappelant l'incendie du *Tapis-Rouge*, que ni l'origine de son propriétaire, ni la couleur de son enseigne, ne purent sauver du désastre, et la destruction des maisons du carrefour de la Croix-Rouge ainsi que celle de la rue Vavin.

II

Quel spectacle présentait alors la ville de Paris ! Cette grande capitale, si fière de sa civilisation, était bien la ville des ruines et des pleurs, la véritable *citta dolente* du poëte. Jamais on ne vit rien d'aussi fantastique ; l'imagination de Milton ne créa rien de pareil ; Savonarole prédisant la dévastation de l'Italie ne conçut rien de plus affreux. Qu'on se figure une immense perspective, tout ensoleillée de feu, tout obscurcie de fumée, les silhouettes sombres des édifices parisiens se dressant çà et là, puis des foyers flambants ; et, sillonnant cette fournaise, les obus, les boîtes à mitraille, les bombes à pétrole.... un grincement formidable, le déchirement de la mitrailleuse.... le grondement du canon.... les pans de mur qui s'écroulent ! On aurait dit un effroyable tremblement de terre. Volcan mal éteint, le cratère populaire s'était ouvert sur tous les points à la fois, vomissant la lave, le feu et le sang.

Mais le Comité de Salut public ne se proposait pas seulement de brûler Paris ; il avait conçu aussi l'idée de le faire sauter. Les égouts, ces sous-œuvres de nos édifices, avaient été, à cet effet, criblés de mines, et les fourneaux étaient chargés de poudre, de dynamite et de pétrole. Le Trocadéro, les Ternes, le boulevard Malesherbes, la gare Saint-Lazare, les Invalides, l'église Sainte-Clotilde, la rue de Lille, la rue Saint-Dominique, devaient s'écrouler sous un jeu d'explosions formidables. L'armée, heureusement, découvrit à temps les fils conducteurs destinés à la mise du feu. Quand un détachement pénétrait dans un quartier, il se divisait en deux sections, dont l'une gardait les rues à la surface du sol, et l'autre explorait les égouts sous la conduite des officiers du génie.

Grâce aux recherches et à la circonspection de ces mineurs habiles, on sut prévenir toute espèce d'accidents, et c'est l'incendie seulement qui a fait des ravages.

III

On a beau interroger les siècles passés, on n'y trouve rien de pareil. En vain les membres de la Commune, réfugiés à Londres, s'autorisent-ils de l'exemple des soldats anglais, mettant le feu au Capitole, à Washington et au palais d'été de l'empereur de Chine, ou encore de l'exemple des Prussiens brûlant par vengeance des villes comme Châteaudun et des villages sans nombre : Anglais et Prussiens étaient là en terre ennemie. En vain allèguent-ils les nécessités de la guerre. Si, en certains points, les insurgés ont procédé dans une intention stratégique, afin de barrer le passage des troupes victorieuses, pareille raison ne saurait être invoquée pour justifier l'incendie du théâtre de la porte Saint-Martin et des maisons attenantes ; ni ceux des boulevards du Temple, du Prince-Eugène et du faubourg Saint-Antoine ; ni ceux de la rue Royale sous les décombres desquels furent ensevelies de nombreuses victimes.

Il y a dans la destruction des maisons particulières quelque chose de plus révoltant peut-être et de plus sinistre que dans celle des monuments publics. Celle-ci peut être, à la rigueur, mise au compte des passions politiques; il faut songer que les misérables, qui ont couronné par de tels crimes leur sanglante carrière, étaient surexcités par deux mois et demi d'une lutte sans espoir. Depuis plus de six semaines, le bruit incessant et chaque jour plus rapproché de la fusillade avait dû pousser jusqu'à la plus furieuse démence la folie qui les avait portés à se jeter dans une entreprise aussi extravagante que criminelle. Mais les autres incendies ont un caractère de gravité plus intense, d'empoisonnement moral plus intime. Ils sont vraiment l'œuvre de la fédération de tous les vils instincts, de tous les monstrueux appétits de l'espèce humaine, et n'ont d'autre raison d'être que l'assouvissement d'une haine de paria enragé.

IV

De la cité où chaque âge est en quelque sorte représenté par un chef-d'œuvre, il ne devait rester dans la pensée des hommes de la Commune aucune pierre debout. Mais si quelque chose pouvait surtout offusquer leurs regards, exciter leur rage, c'était l'Église ; aussi ce fut contre l'Église qu'ils résolurent principalement de tourner leurs fureurs et leurs vengeances.

Qu'est-il advenu? Tandis que les décombres s'ammoncelaient, tandis que les monuments où s'abritaient les livres, les archives de la fortune publique, où se rendait la justice, où s'étaient succédé les représentants couronnés de la puissance souveraine, où s'administraient les intérêts de la ville si longtemps appelée la capitale du monde civilisé, tandis que toutes ces merveilles étaient réduites en cendres, les temples demeuraient debout. Vainement ont-ils été condamnés à l'anéantissement : les flammes les ont entourés, envahis même quelquefois, et la maison de Dieu n'a pas péri.

C'est que là étaient montés vers Dieu les accents du repentir de la France ; là des prières suppliantes répondaient aux blasphèmes du dehors ; là, des âmes pures expiaient les orgies d'un peuple en délire ; de là partaient vers les saints tabernacles des cris de miséricorde et d'amour.

Sachons donc tirer un enseignement de ces faits. Quand passe le flot destructeur des passions humaines, quand tout disparaît dans le feu dévorant des utopies athées, la croix reste

debout pour indiquer aux sociétés tombées
qu'elles ne peuvent réparer leurs ruines qu'à
son ombre.

CHAPITRE III

Mort de Chaudey. — Massacres de la Conciergerie, de la
Roquette, du boulevard d'Italie, de la rue Haxo, de la
Petite Roquette.

I

Après avoir ordonné à leurs dignes soldats
d'incendier les monuments et les maisons, à
mesure qu'ils se replieraient devant les troupes de Versailles, il ne restait plus aux chefs
de la Commune qu'à fixer le sort de leurs nombreux otages.

Les citoyens Ferré, Lefrançais, Protot, Vallès
et Vermorel, réunis en conciliabule le 22 mai,
et satisfaisant au désir souvent exprimé du
procureur de la Commune, décidèrent de nouveau la mort des prisonniers.

Le 22 commençaient les fusillades.

Vers onze du soir, Raoul Rigault se présentait à Sainte-Pélagie et faisait comparaître devant lui Gustave Chaudey, ex-adjoint au maire
de Paris.

Le procureur de la Commune lui annonça brutalement que dans cinq minutes il allait mourir. Pendant un colloque assez long dans lequel l'attitude calme et digne de l'infortuné Chaudey exaspéra Raoul Rigault, celui-ci dictait à son secrétaire le procès-verbal de l'exécution. Il sortit ensuite avec sa victime et une dizaine de gardes nationaux.

« J'ai femme et enfant, dit Gustave Chaudey.

— Qu'est-ce que cela nous f...? répliqua Rigault.

— Regardez donc comment meurt un républicain, lui riposta Gustave Chaudey.

Raoul Rigault leva son épée, la victime tomba en criant : « Vive la République! »

— « Je vas t'en f..... de la République », s'écria Gentil, et il lui brûla la cervelle.

Le corps de Chaudey fut transporté à l'hôpital de la Pitié sur une civière, et son crâne jeté dans la fosse d'aisances.

II

Le lendemain 24, vers dix heures, Ferré se présenta à la porte de la Conciergerie avec quatorze gardes nationaux en armes : « Citoyens, leur dit-il, nous allons remplir une mission de

justice : nous allons exécuter les prisonniers. »
Après quoi il entra dans la prison et se fit remettre le livre d'écrou.

Secondé par un nommé Fouet, directeur du
Dépôt sous la Commune, il fit dresser par
vingt les listes des victimes et il n'oublia pas
ces hommes (les prêtres) qu'il était si heureux
de mettre en prison, « parce qu'ils étaient ses
plus cruels ennemis ». Le soin qu'il prit d'as-
souvir d'abord ses vengeances personnelles
leur sauva probablement la vie.

Quand les fatales listes furent terminées, il
fit appeler le n° 10. C'était M. Veysset, commandant de la garde nationale, accusé d'avoir
eu des intelligences avec Versailles. Ce malheureux fut amené sur le pont Saint-Michel,
fusillé et jeté dans la Seine. On conduisit ensuite dans un préau, derrière la Cour de cassa-
tion, un gendarme qui, le 20 mars, avait eu le
courage d'enclouer quelques canons à Montmartre, et on l'assassina.

Au moment où l'on appelait la cinquième
victime, un feu de peloton bien nourri se fit
entendre sur le Pont-Neuf, devant la Préfecture de police. Ferré se retira, laissant des ordres et quelques hommes à Fouet pour continuer le massacre.

III

Dans l'après-midi du 24 mai, une grande effervescence régnait dans tout le onzième arrondissement. Les membres de la Commune, ceux du Comité de salut public et du Comité central s'étaient réfugiés, dès le matin, dans la salle des mariages de la mairie. Une foule violente s'amassait sous leurs fenêtres. Il y avait là les Vengeurs de Flourens, les Lascars, les Fils du Père-Duchêne, les Enfants-Perdus mêlés aux plus mauvais sujets du 31e, du 66e, du 180e et du 206e bataillon.

Il fallait à tout prix enrayer la défiance chez ces hommes, souillés de tous les vices et capables de tous les forfaits ; et pour cela il y avait deux moyens : frapper un grand coup pour affirmer qu'on ne fuyait pas la responsabilité, par exemple assassiner les otages, ou bien aller au grand jour se faire tuer sur les barricades.

Mais pour mourir il fallait du courage. Ils choisirent donc l'assassinat et formèrent une cour martiale dans l'intérieur de la mairie : un nommé Genton, ex-porte-drapeau au 66e bataillon, en fut le président ; un sergent qui ne le quittait pas et un vieillard sordide, tous les deux restés inconnus, en furent les juges ; les membres de la Commune et ceux des deux Comités formaient le public. Et ce fut ce tribunal, à là fois sinistre et grotesque, qui rendit la sentence de mort, sans entendre personne, sans même connaître les noms des victimes ; le jugement fut écrit de la main du vieux juge.

Genton ayant recruté assez d'hommes du 66e pour former le peloton d'exécution les dirigea vers la Roquette. Il apportait un ordre, mais qui n'indiquait que trois noms : Mgr Darboy, M. Bonjean et l'abbé Deguerry. Ils en ajoutèrent cependant trois autres. Ferré prit trois noms au hasard, dans l'ordre d'inscription peut-être, et la liste des victimes, désormais complète, fut portée au gardien Beausset avec ordre de faire l'appel à la quatrième section.

Mgr Darboy, M. Bonjean, l'abbé Deguerry, les PP. Clerc et Ducoudray, et l'abbé Allard, sortirent de leurs cellules.

On trouvait qu'ils n'allaient pas assez vite ; ces vieillards souffreteux avaient quelques précautions à prendre ; l'un, M. Bonjean, voulait se couvrir : « Ce n'est pas la peine, lui dit-on ; pour ce que l'on veut faire de vous, vous êtes bien comme cela. » Un autre ne sortait pas assez promptement, Ramain, le gardien en chef, lui cria : « Faut-il que j'aille vous chercher? »

Afin de donner aux otages un avant-goût du supplice qui leur était réservé, les gardes nationaux firent de nouveau résonner les crosses à terre, et frappèrent à droite et à gauche. C'étaient presque tous des enfants ou des vieillards avinés. Pour cette horrible besogne, la Commune n'avait pas trouvé des hommes de trente ans ; elle avait dû recourir à des jeunes gens qui n'avaient pas conscience du grand crime qu'ils allaient commettre.

Une fois les gardes descendus, les otages défilèrent devant la deuxième grille, prirent l'escalier tournant et arrivèrent devant l'infirmerie. Il paraît que les fédérés se disposèrent à les fusiller là ; mais, en descendant le petit escalier, ils trouvèrent la grille fermée.

Le peloton était prêt ; quand les victimes le rejoignirent, les bourreaux leur adressèrent des injures obscènes ; puis, ils les poussèrent brutalement vers le chemin de ronde intérieur. Mgr Darboy, M. Bonjean et l'abbé Allard, avant de s'engager dans ce chemin, essayèrent de dire quelques mots ; ils ne réussirent qu'à faire redoubler les insultes. « Allons, allons, s'écria une voix farouche, celle de Ranvier, ce n'est pas le moment des discours, les tyrans n'y mettent pas tant de ménagements. »

Au mépris des cheveux blancs de l'Archevêque et de ses compagnons, sans souci de la mort qui attendait ces vénérables personnages, on continuait à les accabler de mauvais traitements jusqu'au lieu de leur exécution.

Cette scène odieuse ne se termina que par l'intervention de l'un des fédérés qui fit taire ses compagnons en leur disant : « Vous ne savez pas ce qui peut nous arriver demain. » Monseigneur se mit à genoux, fit une courte prière, donna une dernière bénédiction à ses amis agenouillés autour de lui, puis le funèbre cortége se mit en marche.

Ces six chrétiens s'étaient relevés plus confiants et plus résignés à l'horrible mort qui s'annonçait si certaine et si proche. L'abbé Allard marchait en tête des condamnés et récitait à demi-voix les prières des agonisants. Derrière lui venaient Mgr Darboy et M. Bonjean, puis M. Deguerry et les PP. Clerc et Ducoudray. Les fédérés entouraient les victimes et marchaient sans ordre.

Au bout de ce premier chemin de ronde extérieur, se trouve une grille communiquant avec le deuxième chemin de ronde extérieur. Elle était fermée ; il fallut sonner et attendre qu'un gardien eût apporté la clef. On fit une nouvelle halte. Monseigneur essaya de prononcer encore quelques paroles; les fédérés lui répondirent toujours par des injures, et l'on passa dans le second chemin de ronde.

L'assassinat a été consommé à l'extrémité de ce chemin, à l'angle du mur extérieur qui borde la rue de la Folie-Regnault et la rue de la Vacquerie. Le citoyen Ranvier, membre de la Commune, qui s'était joint aux bourreaux, présidait à l'exécution.

Les condamnés furent placés debout, sur un rang, le dos à environ trois mètres du mur; un seul feu de peloton prolongé, avec deux courts intervalles, puis quelques coups isolés ont été entendus à huit heures moins quatre minutes. Les victimes tombèrent à l'endroit même où l'on a ensuite relevé leur corps; aucune d'elles ne paraissait avoir été déplacée, car les blessures correspondaient aux flaques de sang répandu sur la terre.

On croit — l'examen de ses blessures autorise cette supposition — qu'au moment suprême l'Archevêque, par une sublime inspiration, aurait levé la main droite. Son dernier geste en ce monde aurait été de bénir ses bourreaux.

Mgr Darboy avait cinquante-huit ans quand

se termina pour lui le rêve tour à tour si brillant et si douloureux de la vie présente, et lorsqu'il s'éveilla pour toujours à la bienheureuse éternité.

Dans la nuit qui suivit l'exécution de l'Archevêque et de ses compagnons, leurs cadavres, après avoir été dépouillés et insultés de nouveau par les assassins, furent entassés dans une voiture et conduits au Père-Lachaise, où on les jeta pêle-mêle dans la fosse des suppliciés. En même temps, on dressait à la mairie du XI⁰ arrondissement le bref et cynique procès-verbal qui suit :

« COMITÉ DE SURETÉ GÉNÉRALE

« Aujourd'hui, 24 mai 1871, à huit heures du soir, les *nommés* Darboy (Georges), Bonjean (Louis-Bernard), Du Coudrai (Léon), Allard (Michel), Clerc (Alexis) et Deguerry (Gaspard), ont été EXÉCUTÉS à la prison de la grande Roquette. »

COMMUNE DE PARIS

CABINET

du

CHEF

Sûreté générale. — Police municipale.

Le cachet est à l'encre bleue, et il ne se

trouve aucune signature au bas du procès-
verbal. Le greffier a-t-il reculé devant l'horreur ou le châtiment possible du forfait?

IV

Après Mgr Darboy et les victimes de la Roquette apparaissent, les martyrs dominicains.
— Traînés, le 25 mai, du fort de Bicêtre
à la prison du neuvième secteur, boulevard
d'Italie, 38, ils y étaient depuis dix heures du
matin, lorsqu'à quatre heures on vint les chercher de la part de Cerisier, le farouche commandant du 101e. Ils traversèrent sur deux
rangs le long corridor qui mène à la cour d'entrée et se trouvèrent en présence d'une double
haie de gardes, au milieu desquels ils remar-
quèrent deux jeunes femmes vêtues en fédérés.

A peine le premier dominicain en avait-il
franchi le seuil que les cris : « Sortez un à
un!... sauvez-vous! » furent poussés par le
commandant de l'escorte ; en même temps on
tirait sur les prisonniers, et, au fur et à me-
surent qu'ils débouchaient dans l'avenue, d'autres groupes d'assassins poursuivaient les
fuyards d'une grêle de balles.

Le P. Cotherauld tomba le premier en s'écriant : « Est-il possible ! » Après lui le P. Captier fut atteint et dit : « Mes enfants ;... pour le bon Dieu ! » En un instant douze cadavres restèrent étendus sur la chaussée, exposés aux profanations de la populace accourue de toutes parts pour se repaître du carnage

Voici les noms des treize martyrs :

1° Le P. Captier, prieur ;
2° Le P. Cotherauld, dominicain ;
3° Le P. Chateigneret, dominicain ;
4" Le P. Bourard, dominicain ;
5° Le P. Delorme, dominicain ;
6° M. Cauquelin, professeur auxiliaire ;
7° Aimé Gros, domestique ;
8° Volant, surveillant ;
9° Catala, surveillant ;
10° Deutroz, infirmier ;
11° Joseph Cheminal, domestique ;
12° Marcel, domestique ;
13° Germain Petit, commis à l'économat.

V

Le lendemain, 26 mai, dans la matinée, la Commune voyant le découragement s'emparer de ses soldats voulut ranimer leur zèle, en leur donnant en spectacle la lente agonie des hommes contre lesquels. leur haine farouche était plus vivace.

Le soir, vers quatre heures, on fit descendre dans la grande cour de la Roquette.

Trois Pères Jésuites :

Le P. Olivaint.
Le P. Caubert.
Le P. de Bengy.

Quatre religieux de Picpus :

Le P. Ladislas Radigue.
Le P. Marcelin Rouchouse.
Le P. Polycarpe Tuffier.
Le P. Frézal Tardieu.

Deux prêtres séculiers :

L'abbé Sabatier, vicaire de Notre-Dame-de-Lorette.
L'abbé Planchat, directeur du patronage de Charonne.

Un séminariste :

M. Paul Seigneret.

On joignit à ce groupe quatre otages civils et trente-quatre militaires.

Au sortir de la prison, les assassins montè-rent d'abord la rue de la Roquette jusqu'au cimetière du Père-Lachaise.

Un homme à cheval et tête nue ouvrait la marche, annonçant bien haut qu'on emmenait des gens désarmés, des Versaillais faits prison-niers le matin à la Bastille, et commandant avec emphase aux citoyens le calme de la force et la dignité de la victoire. Venaient ensuite les condamnés, à la file et deux à deux, ayant l'air très-calme. L'escorte se composait de cent cinquante hommes armés, gardes nationaux du 133ᵉ bataillon, auxquels s'étaient joints, pour cette fête de sang, des Enfants-Perdus de Ber-geret et d'autres bandits de tous les noms.

D'abord sur le passage du cortége, soit con-sternation, soit panique, les boutiques et les fenêtres se fermaient, mais la scène changea promptement : il fallait exciter le peuple avant de le déchaîner.

Comme on parcourait la chaussée de Ménil-montant en face de la grande fabrique d'eau de seltz, l'homme à cheval se détourna et fit appeler les ouvriers. Il ne se forma d'abord qu'un groupe, qui devint bientôt une foule, et aussitôt les clameurs commencèrent pour ne plus finir. Les gardes avaient à lutter pour protéger les victimes, non-seulement contre

les insultes, mais contre les dernières violences.

Après avoir suivi la rue de Puebla, on
avança dans la rue des Rigolles jusqu'à une
petite porte qui donne entrée dans la cour de
la mairie de Belleville. Le citoyen Ranvier,
maire de Belleville à cette époque de sinistre
mémoire, les attendait devant l'église, appuyé
sur la grille, et les mains derrière le dos ; il
avait envoyé un de ses acolytes au commandant de l'escorte, pour lui donner l'ordre de
conduire les otages à la mairie. Là le cortége
fit une halte pendant plus d'une heure ; et,
comme les cris du dehors devenaient toujours
plus menaçants, on fut au moment d'en venir
sans plus tarder au tragique dénoûment. Il y
eut même un commencement d'exécution, on
entendit plusieurs coups de feu, c'était l'assassinat de trois otages qui furent enterrés dans
une petite ruelle derrière l'église provisoire.
Mais comme le nombre des victimes était trop
considérable, on se décida à poursuivre la
marche.

Le cortége sortit par la grille de la mairie
donnant sur la rue de Belleville ; et le maire,
toujours dans la même position, dit au commandant : « Qu'on me conduise ça aux fortifications, et fusillez ! » (Textuel.)

Une cantinière, le revolver à la main, prit alors la tête du cortége. Afin de donner plus de solennité à la marche, on ajouta une musique militaire. Des clairons, accompagnés de tambours, exécutaient une fanfare, et l'on allait voir le supplice comme on irait au spectacle. Les victimes suivaient, toujours deux à deux, avec la double haie de gardes nationaux, la baïonnette au bout du fusil. Les gendarmes venaient les premiers.

Cependant, on n'entendait partout que ces cris féroces mille fois répétés : « A la Cour martiale ! Mort aux curés ! Mort aux gendarmes ! » Les femmes surtout manifestaient la plus monstrueuse férocité. Où sont ces vierges modestes et dévouées qui apportaient naguère aux prisonniers le pain de la terre et du ciel ? Il n'y a plus autour de nos martyrs que des bacchantes ivres de luxure et altérées de carnage, vraies furies, le blasphème à la bouche et le revolver au poing ! Les unes, choisissant d'avance la victime qu'elles voulaient frapper, bousculaient les rangs de l'escorte, pour aller dire à la victime, en lui mettant une arme sous la gorge : « C'est avec cela que je vais moi-même te descendre tout à l'heure. »

Déjà la colère montait à la tête des otages. Quand on fut à la hauteur de la rue Levert, la figure des soldats, sombre et énergique, parut faire impression sur le capitaine garibaldien qui, craignant une révolte de ses prisonniers, les interpella en ces termes : « Mes amis, je n'écouterai pas les ordres de Ranvier; vous devez passer en jugement et je vous conduirai au secteur ; là ceux qui seront reconnus n'avoir rien fait contre la Commune seront mis en liberté. »

Quelques-uns crurent à ces paroles ; d'autres n'osaient pas, par une révolte prématurée, compromettre la vie des prêtres qui se trouvaient avec eux.

Aux abords de la rue Haxo, dont le nom est écrit, depuis ce jour funèbre, en lettres de sang dans les annales parisiennes, il y eut encore un arrêt et un moment d'hésitation.

Là était postée une partie du 174e, du 173e et du 172e bataillon. Deux coups de fusil, tirés sur les otages, partirent de leurs rangs, mais sans blesser personne ; les deux assassins avaient visé trop haut, ils furent arrêtés comme imprudents. Les bataillons crièrent : « Vive la France, vive la République! » Les victimes levèrent leurs chapeaux.

La foule était très-compacte. Ceux qui venaient de loin pour assister à l'exécution, et c'était la majeure partie, ne cessaient de vociférer la mort des otages. Ils trouvaient bien quelques échos parmi les habitants du quartier; mais tous n'étaient pas du même avis. « Ça ne portera pas chance à Belleville, » disaient quelques-uns.

Les martyrs n'étaient pas émus des menaces, ni des cris de mort. La seule plainte qu'on ait pu recueillir est celle d'un gendarme; apercevant la porte de Romainville, il se prit à dire : « O ma pauvre femme et mes trois enfants! » Tous marchaient bravement à la mort. Un religieux de la congrégation de Picpus, le Père Tuffier, qui avait eu jusque-là beaucoup de peine à suivre ses compagnons, animé tout à coup en face du martyr, les étonnait par sa noble démarche. Il devait à ses derniers moments honorer le sacerdoce par un trait de dévouement sublime.

Il était cinq heures et demie; le cortége venait d'arriver à la grille du deuxième secteur qui, depuis la veille, était au pouvoir d'un nommé Parent délégué à la guerre, en remplacement de Delescluze blessé mortellement. C'est là que les membres de la Commune, s'étaient donné rendez-vous avec la caisse, avant de s'enfuir à travers les lignes prussiennes.

Indépendamment des soixante-dix ou quatre-vingts officiers de toute arme qui avaient suivi le nouveau délégué, celui-ci était encore environné des délégués aux finances et à l'intérieur, d'une foule de membres ou de délégués du Comité central. L'influence occulte et chicanière de l'élément ouvrier devait peser jusqu'au dernier moment sur l'autorité civile et militaire de la Commune.

Lorsque les otages apparurent, les officiers fédérés qui se trouvaient au secteur allèrent au-devant d'eux. Arrivés au nº 85, ils se firent ouvrir la grille de l'entrée principale, et quelques membres du fameux Comité central s'avancèrent dans la rue Haxo.

Le numéro 88 faisant face au secteur était littéralement rempli de fédérés. Une charrette attelée fut amenée au milieu de la rue ; un orateur de circonstance monta dessus, un drapeau rouge à la main, et harangua ainsi la foule : « Citoyens, le dévouement de la population de Belleville mérite une récompense, voici des otages que nous vous amenons pour vous payer de vos longs sacrifices !... » Et il termina par ces mots : « A mort ! à mort ! » qui furent couverts d'applaudissements et répétés par la foule.

Celle-ci, dont la fureur croissait à mesure qu'elle pressentait la fin de son règne, se précipita en avant et poussa le cortége dans l'allée du secteur.

Un colonel fédéré ouvrait la marche; elle était fermée par un officier qui portait la pointe de son épée dans les reins des malheureux prisonniers. Les femmes, échelonnées le long de l'avenue, insultaient et maltraitaient les victimes; l'une d'elles prit le chapeau d'un prêtre et s'en servait pour le souffleter.

Un brigadier d'artillerie, d'une force herculéenne, alla se poster à la porte même du secteur, et, à mesure qu'un otage se présentait, il lui assenait un coup de poing formidable, en l'accablant d'injures.

M. Seigneret donnait alors le bras au Père Tuffier que le coup de poing jeta par terre; ayant regardé avec indignation le misérable artilleur, il fut lancé à deux mètres de là, et sa tête alla heurter violemment l'angle d'appui de la fenêtre du concierge. En même temps on l'entendit s'écrier : « Ah! ma pauvre famille! »

Cependant les otages pénétrèrent tous dans l'arène du martyre et arrivèrent, en longeant le pavillon de l'horloge, jusque dans un terrain vague qui était enclos par un petit mur à hauteur d'appui.

Alors se produisit une scène qu'on ne peut se rappeler sans une émotion profonde. Se voyant perdus, des gendarmes implorèrent quelques-uns de leurs bourreaux pour qu'ils voulussent bien remettre à leurs femmes quelques petits objets en guise de souvenir. Les bourreaux devenaient des exécuteurs testamentaires. Celui-ci reçut un petit sac pour remettre à la femme d'un condamné; un autre se chargea d'une montre et d'un billet pour la famille d'un de ces infortunés.

Pauvres soldats! ils vont mourir silencieusement pour le devoir et pour le droit; et, après des années de service et d'honneur, il tombent en disant de ces paroles si simples et si belles qu'on les entend toujours!

«... Du courage, ma bien-aimée; nous vivons dans l'espérance d'un jour où nous serons réunis pour ne plus nous séparer!...

«.. Tu es ma seule inquiétude; tranquillise-toi, je serai toujours au-dessus de tout événement... Sois sûre que ces fleurs seront conservées en souvenir du jour et du triste lieu où je les reçois, et encore mieux en souvenir de toi!

«... Après la peine viendra le bonheur; nous irons à ton pays et nous ne nous quitterons plus!... La campagne devient si belle!... »

Ils pensaient que, la volonté d'un mourant étant sacrée, leur dernier vœu serait accompli. Hélas! ils n'eurent même pas cette dernière consolation du condamné à mort, et que les plus cruels et les plus barbares n'ont jamais refusée; tout ce qui leur appartenait leur fut pris, et plusieurs gendarmes furent accablés d'outrages et des paroles les plus cyniques.

Cinq à six minutes s'étaient écoulées depuis l'entrée au secteur. Les chefs de la Commune, montés sur le balcon du pavillon de l'horloge, parodiaient un conseil de guerre; mais ils ne savaient de quoi accuser les prisonniers. Ils ne voulaient pas commander l'exécution, et ils n'osaient pas les absoudre; il y eut un moment d'incertitude très-prononcée. L'attitude douce et sérieuse des otages, l'aspect touchant de leurs regards, sans haine et sans peur, firent hésiter les assassins; ils restèrent là quelques instants sans oser les toucher, malgré les excitations et les cris de mort qui partaient des rangs les plus éloignés de la foule.

Un officier fédéré, monté sur un pilastre, se mit à lire un papier qui, paraît-il, tendait à disculper les victimes, lorsqu'une jeune fille de dix-neuf ans, cantinière d'un régiment de fédérés, plus impatiente que les autres, s'avança, le revolver au poing vers le conseil et en interpella insolemment les membres : « Ils n'en finiront donc pas, ces tas de fainéants-là? tas de lâches, vous n'allez donc pas commencer? »

Puis, revenant sur ses pas, elle se mit à ajuster M. l'abbé Planchat, avec son arme. Mais ce généreux confesseur, sans se laisser émouvoir par la menace, implora les assassins en faveur des pères de famille; il les supplia d'épargner les gendarmes et les otages civils, et il s'offrit pour eux en holocauste avec les prêtres ses frères. La jeune cantinière, exaspérée de tant de résignation et d'héroïsme, se précipita sur M. Planchat, le poussa contre le mur en lui criant : « J'm'en vais t'en f..... des pères de famille! » puis elle lui brûla la cervelle à bout portant.

Ce fut le signal du massacre; les prêtres furent les premiers immolés. Un seul fait de révolte, mais de révolte sublime, se produisit parmi eux.

Le maréchal des logis Geanty, jeune homme dans toute la force de l'âge, présentait sa poitrine au fusil d'un marin fédéré, qui le visait, lorsque le P. Tuffier, ne pouvant contenir son indignation, repoussa l'assassin et se plaça devant la victime. Cet héroïque dévouement ne produisit à l'égard du religieux qu'un redoublement de violence et d'injures. Les femmes, il y en avait environ une dizaine, étaient là aussi les plus exaltées; leur furie ne connaissait plus de bornes, elles vociféraient : « Trois coups pour celui-là. » Le P. Tuffier tomba au troisième coup, et on le crut mort ; mais après le massacre, il se releva par un mouvement convulsif, et courut vers le petit point d'appui comme pour chercher une issue.

La plume se refuse à décrire toutes les horreurs qui se déroulèrent alors : les exécuteurs se précipitèrent sur le P. Tuffier ; l'un d'eux lui fit sauter le crâne, c'était un jeune homme, presque un enfant : « As-tu vu, disait-il, au sortir de là, comme la cervelle du vieux prêtre m'a sauté après? » Ce coup de feu jeta le martyr la face contre terre ; un des bourreaux, avec son pied, le remit sur le dos, et, s'apercevant qu'il râlait encore, il l'acheva. Une cantinière cherchait de ses mains crispées à lui arracher la langue ; ne pouvant y parvenir, elle ne rougit pas de souiller de ses ordures la figure du glorieux martyr.

Après les quelques coups isolés qu'on tira d'abord sur les prêtres, on entendit les clairons résonner et un feu de peloton, puis une autre sonnerie et un autre feu de peloton. Toutes les victimes tombèrent, sauf une seule qui n'était blessée qu'à la main, et qui demanda aux assassins de ne pas prolonger son agonie ; elle fut aussitôt fusillée.

Quand tous les corps furent à terre, un officier fédéré, le sabre à la main, monta sur le mur d'appui et cria de cesser le feu, que tout était fini. Mais les victimes respiraient encore : on entendait parfois sortir de leurs poitrines des gémissements sourds et déchirants. On plaça alors les cadavres en monceau; puis, pour faire cesser les cris, on fouilla les chairs encore palpitantes à coups de baïonnette, et quand les bras furent las, la meute de tigres au milieu de laquelle on apercevait des hommes en costume d'officiers, monta sur cette masse sanguinolente et la foula aux pieds.

Le sacrifice était achevé; les héros étaient là étendus par terre et baignés dans leur sang. Leurs ennemis contemplaient ce spectacle et semblaient ne pouvoir s'en rassasier. Cependant, il était environ sept heures du soir, la nuit commençait à tomber, et l'incendie qui dévorait les somptueux édifices de la capitale projetait des lueurs blafardes sur cette scène d'horreur. Il était temps de se retirer. Les cannibales voulurent ajouter l'ivresse du vin à celle du sang; le reste de la nuit ne fut qu'une dégoûtante orgie, accompagnée des propos les plus révoltants.

Une mégère disait du P. Tuffier : « Ce carcan de prêtre a voulu se relever; s'il l'avait pu, je sautais par-dessus le mur et je l'achevais. »

Et sa fille, âgée de vingt et un ans, criait à une personne logée près du secteur : « Eh bien ! femme aux prêtres, descendez-vous? » Une épicière du quartier, voyant un garde national entrer chez elle, les mains ruisselantes de sang, lui dit en souriant : « Comment, mon cher, vous vous êtes sali les mains après ces c....! » Le surlendemain, lorsque la cantinière, qui se glorifiait d'avoir achevé le vieux prêtre, fut arrêtée par l'armée régulière, elle se vanta hautement de son action : « Fusillez-moi, dit-elle, je sais que je l'ai mérité, mais je suis fière de ce que j'ai fait. »

Pendant la nuit, on laissa les corps sous la garde de quelques fédérés ; et le lendemain, lorsque ces derniers furent un peu revenus de leur ivresse, ils songèrent à les enfouir. On essaya de creuser un trou, mais il fallut y renoncer, la terre était trop dure et le temps pressait. Quelqu'un se rappela qu'il y avait une fosse d'aisances dans le terrain vague où s'était accompli le massacre. On sonda, et, sous le monceau de cadavres, on découvrit en effet un grand trou, qui avait été recouvert à l'époque du siége pour établir une écurie destinée aux chevaux du général et de son état-major.

On enleva les pavés et les lattes qui recouvraient l'ouverture de la fosse : deux fédérés y

descendirent, deux autres prenaient les cadavres par la tête et les pieds, et les leur jetaient;
après quoi ils laissèrent tomber sur les morts
quelques pelletées de chaux et cherchèrent leur
salut dans la fuite.

VI

Quelle longueur Dieu donne au combat des
choses humaines! Quels détails à l'horreur et
au crime! quelle latitude à la liberté!

Après les crimes commis, le 23 mai, contre
Chaudey; le 24, contre l'Archevêque de Paris;
le 25, contre les dominicains d'Arcueil, et le
26 contre les victimes de la rue Haxo, la journée du 27 fut marquée par un nouveau forfait,
le plus horrible si l'on songe que les assassins
étaient presque tous des enfants de seize à dix-
sept ans, jeunes détenus échappés de la Petite
Roquette.

Ce jour-là, il restait encore, à la Grande-Ro-
quette, cent soixante-sept prisonniers criminels et trente-cinq otages, qui devaient être
fusillés ou écrasés sous le mur de la prison par
le feu d'une batterie de dix pièces, munie de
projectiles.

Le matin, Ferré, Tridon, Avrial, V. Ranvier, Vaillant et quelques autres scélérats annonçaient que le gouvernement de la Commune allait se transporter à la Roquette, et de là dicter des lois aux Versaillais, en les menaçant du massacre des otages.

Vers trois heures, Ferré se présenta à la prison et remit au gardien-chef l'ordre écrit de livrer les otages. C'en était fait de la vie des prisonniers lorsque deux incidents inattendus vinrent changer la face des choses.

Les condamnés criminels qui, depuis le matin, n'avaient pris aucune nourriture, poussés par la faim se révoltèrent, pillèrent les ateliers, s'armèrent de couteaux, de tranchets, de barres de fer et descendirent dans la cour prêts à se ruer sur un bataillon de fédérés, qui venait d'y pénétrer et dont la présence insolite leur semblait une menace. Ferré, prévenant le danger, courut à eux, leur promit la liberté pleine et entière s'ils se joignaient à ses hommes, et, d'ennemis qu'ils étaient, s'en fit des complices.

Tout à coup, au milieu des vivat, quelqu'un cria « : les Versaillais ! » Ce cri, répété aussitôt, fut le signal d'une panique générale ; fédérés et condamnés se précipitèrent vers la porte et disparurent en jetant leurs armes.

La prison se trouva ainsi ouverte et sans aucune direction. C'est alors que le plus jeune

des domestiques de la quatrième division ou-
vrit les cellules avec une grande célérité, en
criant à tue-tête aux otages : « Sauvez-vous,
messieurs ! sauvez-vous ! Partez vite, vite ; sortez ! Allons, au plus vite ! »

Tous les otages du quatrième étage s'empressèrent de sortir de la prison ; c'était un parti
dangereux, car tous les environs de la Roquette
étaient encore entre les mains des fédérés sur
la pitié desquels il n'y avait pas à compter.
Les prêtres de la troisième section, qui étaient
barricadés et trouvaient plus dangereux de
s'enfuir que d'attendre l'arrivée prochaine des
troupes, essayèrent de retenir leurs confrères ;
mais ceux-ci ne les entendirent pas ou ne les
comprirent pas.

Cinq d'entre eux cependant revinrent à la Roquette après avoir essayé vainement de gagner
les quartiers occupés par l'armée. Mgr Surat
était parti avec M. l'abbé Bécourt, le P. Houillon et M. Chaulieu et s'étaient dirigés vers le
boulevard Voltaire, espérant se dérober ainsi
aux poursuites des fédérés.

M. Chaulieu, qui avait des habits très-pro-
pres en comparaison de ceux de ses compagnons, fit ainsi remarquer le groupe, car il
marchait en tête. Derrière lui venaient successivement M. l'abbé Bécourt, vêtu d'une jaquette

sordide, puis le P. Houillon et enfin M. Surat, portant tous les deux la vareuse grise des détenus.

Ils furent arrêtés à la seconde barricade, boulevard Voltaire : on les saisit et on contraignit M. Chaulieu et M. Bécourt à entrer dans le corridor du n° 130.

Dès qu'il fut prouvé que les fugitifs étaient des prêtres, on voulut les fusiller sur-le-champ devant la barricade. Celui qui insista le plus était un homme que les habitants de la maison ne connaissaient pas, qu'ils avaient surnommé *le Clairon*, à cause d'un instrument de cuivre qu'il portait constamment en bandoulière; mais sur les instances de quelques dames, qui le supplièrent de chercher un autre endroit pour l'exécution, il emmena les quatre otages à la Roquette.

Une ambulancière, la fille Wolff, marchait en tête, un drapeau rouge à la main, un revolver et un long poignard dans la ceinture. Arrivé au quinconce qui sépare les deux prisons, le groupe s'augmenta de trois ou quatre fédérés, puis de plusieurs jeunes détenus, que le directeur de la Petite-Roquette venait de mettre en liberté pour les armer et les faire travailler à la barricade de la rue. Le clairon, trouvant le lieu propice et le nombre des complices suffisant, rangea les otages au pied du mur de la Petite-Roquette, sur le quinconce, et tout à côté de la rue Servan. Les fédérés et les jeunes détenus firent feu à bout portant contre les victimes. Trois d'entre elles tombèrent, on les acheva aussitôt. La quatrième, qui était M. Chaulieu, fut épargnée dans cette première décharge.

Grâce au désordre, M. Chaulieu put se sauver en tournant le coin de la rue Servan; mais un fédéré s'en étant aperçu, il fut poursuivi, découvert derrière un tas de décombres et ramené près des trois cadavres de ses compagnons. Pendant le trajet un jeune détenu, Fillemotte, le frappait à coups de sabre.

Revenu au quinconce, le patient s'adressa à la fille Wolff et lui demanda grâce : « Je suis père de famille, dit-il, et je n'ai rien fait pour mériter la mort. — Attends, répondit cette femme, tu demandes du gras, je vais te donner du maigre, » et de son revolver elle essaya de faire feu. L'arme ayant été déchargée sur les premières victimes, le coup ne partit pas. Alors elle saisit son poignard et se précipita sur M. Chaulieu pour l'en frapper; mais un mouvement qui se produisit dans la foule l'en empêcha.

M. Chaulieu, voyant tout espoir perdu, se

résigna; on l'entendit demander demander d'un ton ferme : « Où faut-il que je me mette? » Puis il regarda en face et d'un air de défi le groupe des assassins, qui tira sur lui et l'atteignit à la poitrine; il tomba à genoux, la tête renversée en arrière, et c'est dans cette position qu'il fut achevé.

Avant de se retirer, l'un des enfants fit remarquer que l'une des trois victimes respirait encore : c'était le vénérable Mgr Surat; un fédéré lui fracassa la tête d'un coup de crosse de fusil. Telle fut la violence du coup que l'œil gauche disparut et que toute la partie osseuse fut broyée. Un large lambeau de muscle de la face pendait; la partie correspondante de la base du crâne était détruite et laissait à découvert la substance cérébrale; les os du nez broyés ne conservaient aucune forme de cet organe, l'œil droit était encore adhérent par son bord supérieur. Toute la partie inférieure de l'orbite, l'os de la pommette et une partie du temporal étaient brisés.

VII

D'autres exécutions ensanglantèrent aussi la Petite-Roquette; là, elles présentaient un caractère particulier : une cour martiale jugeait et condamnait les détenus dans le greffe de l'établissement. Composée de jeunes gens restés inconnus, et dont l'âge contrastait avec la férocité, elle statuait en quelques minutes sur le sort des malheureux qu'on lui amenait, ou plutôt faisait exécuter une sentence dictée par les cris de la foule ! Les mots *en cellule* équivalaient à un sursis. Les mots *en cellule provisoire* signifiaient : « Bon à livrer à la populace ». L'arrêt de mort était exécuté au moment même, sur le quinconce de la place.

La justice n'a pu savoir exactement le nombre de ces meurtres isolés : elle a pu constater seulement que tous les témoins détenus à la Préfecture de police, à Mazas, aux deux Roquettes, signalent des exécutions semblables dans toutes les prisons, antérieurement à la dernière et terrible semaine du règne de la Commune.

CHAPITRE IV

HONNEURS RENDUS AUX VICTIMES

Exhumation. — Manifestation religieuse
et patriotique.

I

Le dimanche 28 mai, jour de la Pentecôte,
il se fit une éclaircie dans le ciel et un apaisement sur la terre. La bataille était gagnée. Le
matin de ce jour, la division du général Bruat
s'emparait de la Roquette. L'infanterie de marine, heureuse, rayonnante pénétra dans la
cour en criant : « Liberté ! liberté ! vous voilà
libres ! Descendez. »

On hésitait cependant, lorsque parut un peloton de soldats de la ligne. Plusieurs voix ac-
clamèrent l'armée libératrice, mais les otages
militaires craignaient une surprise quand un
des prêtres s'offrit à descendre le premier ; son
exemple fut suivi de tous, et bientôt les condamnés de la Commune serraient, les larmes

aux yeux et la voix émue, les mains de leurs sauveurs.

Un millier de soldats prisonniers à Belleville recouvra ainsi la liberté et la vie.

Après avoir délivré les survivants, on s'occupa de retrouver les morts. Les troupes de la France, maîtresses de la Roquette, venaient à peine d'occuper le cimetière du Père-Lachaise ; des coups de feu isolés partaient encore çà et là, et déjà vers huit heures du matin, une fouille était dirigée dans la tranchée ouverte à l'angle sud-est, tout à fait contre le mur d'enceinte. On ne tarda pas à découvrir à une profondeur de un mètre cinquante centimètres les corps de six victimes, rangés en travers, trois à trois, pied contre pied, et à moitié superposés les uns aux autres pour ménager la place dans la fosse commune.

D'un côté Mgr l'Archevêque, le P. Ducoudray et le P. Clerc ; de l'autre, vis-à-vis, M. Bonjean, M. Deguerry et M. Allard. Les vêtements souillés d'une boue sanglante avaient été lacérés ; les corps, quoique très-maltraités, étaient parfaitement reconnaissables. On les mit aussitôt dans des cercueils provisoires. M. Bonjean et M. Allard furent laissés dans la chapelle même du cimetière, et, sous une escorte d'honneur et de sûreté, Mgr l'Archevêque et M. Deguerry furent transportés à l'Archevêché, et les PP. Ducoudray et Clerc, à la maison de la rue de Sèvres.

A Belleville, l'exhumation eut lieu le lundi vers quatre heures.

Les cadavres étaient si défigurés par le supplice, qu'à peine conservaient-ils encore une forme humaine; et ce ne fut qu'à l'aide des vêtements ou de quelque autre signe accessoire que l'on put constater l'identité des personnes! Les prêtres furent reconnus à leur robe ou à la marque de leurs bas; quant aux gendarmes mariés, les malheureuses veuves eurent beaucoup de peine à retrouver leurs maris, et les enfants leurs pères. Ce fut une scène de douleur indescriptible, dont auraient été émus les auteurs du massacre eux-mêmes; les autres gendarmes purent être reconnus peu après par les numéros matricules recueillis avec peine sur leurs vêtements souillés; et le procès-verbal de cette triste opération fut dressé par les soins de M. Getzner, commissaire de police du quartier.

II

Quelques jours après, le 7 juin, la vieille basilique de Notre-Dame offrait à la ville de Paris et au monde un spectacle du caractère le plus imposant. La religion et la patrie s'étaient donné la main pour en rehausser l'éclat. Au milieu de la nef, sous un catafalque très-élevé, reposait le corps de Mgr Darboy. Autour de lui étaient rangés les cercueils de plusieurs prêtres qui, ayant suivi leur évêque à la mort et à la gloire du ciel, lui furent associés dans les honneurs que la France s'est montrée jalouse de rendre aux martyrs.

Le Gouvernement, l'Assemblée nationale, l'armée, la magistrature, toutes les administrations, une foule immense, s'étaient empressés auprès de ces nobles victimes pour leur apporter, en quelque sorte, les hommages et les pleurs de la patrie en deuil.

Il y avait là tout le public habituel des solennités religieuses de Paris : lettrés, artistes, politiques, savants, magistrats, professeurs, étudiants, désœuvrés de Paris courant à l'émotion et au spectacle, tout le monde était venu pour honorer la grande douleur de la Patrie et de l'Église ; le clergé surtout était là représenté par le Nonce du Pape, par les évêques de la province de Paris, par les curés de toutes les paroisses, par les chefs des communautés religieuses échappés aux sbires de la Commune :

c'était comme une sortie des catacombes, comme un rendez-vous d'actions de grâce après les jours de la persécution.

Il ne manquait qu'un témoin à cette fête de deuil et d'expiation, celui sans lequel aucune fête n'est complète, l'auteur de toutes ces grandes scènes, celui qui aurait dû remplir de sa foule ces vastes nefs, construites pour lui et encore toutes vibrantes de la prière de ses ancêtres : le peuple !

CHAPITRE V

CAUSES DE CES MASSACRES

Pour atténuer ce qu'a de révoltant le massacre d'un si grand nombre de prêtres, les partisans de la Commune ont écrit que l'assassinat en grand a été pratiqué à la hâte dans les prisons, parce que l'armée de Versailles avait déjà pénétré dans la ville. Mais il y a toute raison de croire que l'épouvantable forfait aurait eu lieu, quand même l'insurrection eût été définitivement victorieuse; car on n'avait pas plus de motif de le commettre en temps de guerre qu'en temps de paix. Et pour quiconque a vécu à Paris, pendant la seconde terreur, il n'est pas douteux que les prisonniers, les ecclésiastiques notamment, étaient condamnés d'avance.

Qu'on lise toutes les affiches de l'Hôtel de ville, depuis le 18 mars jusqu'à la dernière proclamation du Comité de salut public au peuple de Paris, et l'on verra que jamais la Commune n'a pris la parole que pour menacer du dernier supplice ceux qui ne pensaient pas qu'elle fût l'idéal du gouvernement, ou même ceux qui vivaient en indifférents, comme dans la question des cartes de civisme. Il paraît qu'un jour, en comité secret, un fou, J. Allix, s'écria : « L'odeur du sang nous plaît, » et cet insensé disait la vérité.

Mais quel crime avaient commis les innocentes victimes si lâchement insultées, si abominablement égorgées, et maintenant tutélaires? Si, à d'autres époques, on a vu la fureur populaire se déchaîner sur les hommes du sanctuaire, ceux-ci pouvaient y avoir fourni quelque prétexte par leur immixion dans les querelles sociales de leur temps. Mais ici les victimes ont été tellement choisies, qu'elles ont paru être immolées seulement en haine de Dieu.

Ces humbles religieux, ces charitables prêtres, ne s'étaient montrés sur les champs de bataille, ils n'étaient descendus sur le théâtre des discordes civiles que pour prodiguer leurs soins aux blessés, dans quelques rangs qu'ils eussent combattu. Le pontife n'avait eu que des paroles de modération et de ménagement pour les esprits égarés, faisant la part de l'ignorance, même de la bonne foi, avec l'indulgence d'un père qui s'attendrit sur des enfants, dont la plupart sont plus malheureux encore que coupables.

Que de pareils hommes aient été mis à mort
de sang-froid, il y a là une particulière et navrante révélation de l'abîme que des passions
terribles ont creusé entre le peuple et le prêtre.
L'archevêque, les prêtres, les religieux, sont
cette Église depuis longtemps traînée sur la
claie par le vil ramas des écrivains, et dénon-
cée aux haines d'une populace abrutie.

Les chefs ont dit, ils ont écrit qu'à la prochaine occasion il fallait écraser le christia-
nisme dans le sang, et ce mot est devenu le
dogme familier de tous les enfants du peuple.
Ils sont élevés, ils grandissent dans la haine
pour le prêtre qui secourt et bénit. Rien ne
peut ni les éclairer ni les désarmer. On panse
leurs plaies, on les console, on les nourrit, on
les aime, et on le leur dit, et on le leur prouve ;
rien ne sert. La reconnaissance pour un prêtre
semble à leurs yeux n'être plus un sentiment
légitime du cœur ; le prêtre est dans leur pensée hors la loi, hors du droit commun : c'est
l'ennemi, et au moment qu'il sauve, qu'il em-
brasse, on doit encore l'immoler.

CHAPITRE VI

Mort courageuse de quelques chefs de la Commune. —
Lâcheté de la plupart. — Répression judiciaire. — Singulière jurisprudence imposée par le Gouvernement.

I

Dès le 22 mai, c'est-à-dire le lendemain de
l'entrée des troupes, la plupart des membres
de la Commune disparurent.

Quelques-uns seulement sont morts avec
courage. Raoul Rigault, le plus exécrable de
tous, fut arrêté le 29 mai, dans une maison de
la rue Gay-Lussac, et amené au commandant
de Pouzargues. Le procureur de la Commune
était sans armes, vêtu d'une vareuse noire à
grand collet rouge rabattu, avec grenades d'argent, coiffé d'un képi à quatre galons, et
chaussé de bottes à l'écuyère vernies et
neuves.

Immédiatement il fut fouillé; on remit au
commandant tout ce qu'il avait sur lui : mou-

choir fin de batiste, des clefs, de la menue monnaie, et, dans un porte-carte en cuir de Russie, douze cartes de visite ainsi gravées :

RAOUL RIGAULT

Membre de la Commune de Paris

Une des cartes fut envoyée sur-le-champ au maréchal de Mac-Mahon, les officiers se partagèrent les autres.

« Qui êtes-vous? dit alors le commandant au prisonnier.

— Raoul Rigault, membre de la Commune, au nom de la République et de la France.

— La cause est entendue, » interrompt le commandant, qui tire son épée pendant que ses hommes font feu. Toutes les balles portent dans la tête de l'ex-procureur, dont un des côtés est entièrement fracassé. Un soldat s'empare des belles bottes de son prisonnier fusillé, pendant que les habitants du quartier viennent hurler près du cadavre de l'énergumène. Il resta vingt-quatre heures rue Gay-Lussac, exposé aux malédictions de la foule.

Millière fut arrêté le même jour, après avoir opposé une résistance des plus vives, car il déchargea six coups de revolver sur les soldats qui voulaient le saisir. Il était tête nue, pâle, effaré. Deux hommes le soutenaient par les bras. Après l'interrogatoire qui eut lieu au Luxembourg, chez le général de Cissey, auquel il répondit avec assez de fermeté, il fut dirigé vers le Panthéon, entouré d'un peloton de chasseurs à pied. En gravissant les marches du péristyle, l'officier, qui commandait le détachement, lui fit remarquer des trous de balles; c'était là que l'avant-veille Millière avait, disait-on, fait fusiller trente gardes nationaux qui refusaient de défendre les barricades.

Comme il se tenait debout, faisant face aux soldats, on lui dit de se tourner vers la porte de l'église, mais un officier supérieur lui permit de reprendre sa position première; seulement, en raison de la disposition des lieux, on le força à se mettre à genoux. Millière découvrit alors sa poitrine, et, levant le bras droit, il cria : « Vive la République !.... Vive le peuple !.... vive..... » Une décharge lui coupa la parole, et il tomba inclinant sur le côté gauche.

Le docteur Tony Moilin, arrêté aux alentours du Luxembourg, fut condamné à mort après un interrogatoire sommaire, et fusillé.

Reconnu par la foule et arrêté place Cadet, Varlin fut livré à trois soldats qui l'entraînèrent aussitôt rue des Rosiers, et l'exécutèrent

à l'endroit même où étaient tombés les généraux Lecomte et Clément Thomas.

Treilhard, directeur de l'Assistance publique,
fut fusillé sur la place du Panthéon.

Dombrowski, après avoir été grièvement
blessé d'une balle au bas-ventre à la barricade
de la rue Myrrha, avait été transporté à l'hôpital de Lariboisière, où il expirait une heure
après, au milieu des plus horribles souffrances.

Le 26 mai, à six heures du matin, Delescluze, qui s'était replié avec Frankel, Johan-
nard et Jourde à la mairie du onzième arrondissement, leur dit froidement, pendant qu'ils
juraient et criaient tous :

« Adieu, MESSIEURS, moi je vais me faire
tuer. »

Et il se dirigea, une badine à la main, vers
la barricade de la place du Château-d'Eau. Il
gravit lentement les pavés disposés en échelons
et disparut foudroyé.

Non loin de l'endroit où tombait Delescluze,
Vermorel, également frappé à mort par un
éclat d'obus, fut recueilli et soigné par une
brave femme qui l'avait relevé. Il est mort à
Versailles, dans une prison militaire. Avant de
recevoir l'absolution du Père jésuite qui l'avait
assisté dans ses derniers moments, il voulut

faire la rétractation suivante devant les gendarmes et devant les Sœurs.

« Je désavoue les erreurs détestables contenues dans mes ouvrages et dans les journaux que j'ai dirigés, et je demande à Dieu, qui voit mon repentir, de me les pardonner. »

II

Rigault, Millière, Delescluze, Vermorel, ont eu au moins le courage de mourir : *luit pœnas*, comme disaient les anciens, mais les autres!...

Après avoir sans cesse parlé de leur vaillance, de leur résolution à se faire tuer sur les murs de Paris, ils n'ont eu d'énergie et de talent que pour se ménager des cachettes où ils purent attendre l'heure de la fuite.

Cerné le dernier jour de la bataille, Cluseret, encore tout noir de poudre, se présenta chez un ecclésiastique de Saint-E..., et lui demanda l'hospitalité. Et comme le prêtre paraissait hésiter :

« Si vous me chassez, lui dit Cluseret, on me fusillera devant votre porte.

— Entrez, lui dit alors l'abbé X..., autre-

fois les églises servaient de refuge aux criminels ; entrez-y, et soyez sans crainte. »

Il demeura un mois dans cet asile, puis, un
soir, il revêtait une soutane, et le lendemain, à
midi, *l'abbé* Cluseret était à Genève.

Après avoir été infirmier pendant quatre
mois dans un hôpital, Vallès parvint à quitter
Paris de la même manière. Sa haine pour les
prêtres ne l'a pas empêché de revêtir leur costume : une soutane ! Il a eu cette impudence,
celui qui a signé l'ordre de fusiller les otages ;
et il est parti guilleret, jovial et tranquille,
pendant que des milliers de malheureux,
trompés par les mensonges et les fausses nouvelles de son *Cri du Peuple*, pleurent sur
leur sort, et se demandent quand cessera cette
expiation qu'ils subissent à la place des grands
coupables.

Rossel s'était caché au fond d'une mansarde
du pays latin, après s'être teint les cheveux en
blanc.

Régère, également déguisé et teint, fut saisi
dans son lit, boulevard des Italiens, à la veille
de son départ pour l'étranger.

Paschal Grousset, déguisé en femme et le
visage couvert de poudre de riz, fut arrêté chez
sa maîtresse.

Le plus habile, le plus prompt à s'enfuir, le

plus ingénieux à se grimer, fut Félix Pyat, qui s'échappa, comme toujours, par les doubles fonds du théâtre.

Et cependant tous ces hommes, pour abuser les masses et conserver l'influence qu'ils avaient criminellement usurpée sur elles, n'avaient cessé de dire, durant deux mois, dans leurs emphatiques proclamations, qu'ils combattraient comme les « Titans de 92 ».

Le 17 mai, dans une séance mémorable de la Commune, Grousset avait prononcé ces paroles :

« Je resterai jusqu'à la victoire ou la mort au poste de combat que le peuple nous a confié. »

Et quelques mois après, pendant que leurs soldats, obscures victimes, encombraient les pontons, Vermersch, Laccord, Boursier, Ranvier, Dupont, Longuet, Vaillant, Ledru, Clément, Gaillard père, etc., savouraient à l'étranger les douceurs de la célébrité et se livraient à de fructueuses industries.

Nous ne savons si ces tristes personnages ont une conscience. Dans le cas de l'affirmative, l'accord entre elle et eux ne doit pas être parfait, non qu'elle ait le pouvoir de les faire repentir des crimes qu'ils ont commis, mais parce qu'elle doit essayer de les faire rougir de leur couardise. Il est impossible qu'ils n'en éprouvent pas quelque honte, sinon maintenant, du moins plus tard, quand le bruit qui se fait autour de leur nom sera tombé en même temps que leur exaltation actuelle.

Oui, quand la solitude sera devenue forcément leur lot, leur sommeil sera plus d'une fois troublé par des rêves sanglants : ils verront Paris en feu, les otages massacrés, leurs anciens soldats fusillés. Ils reconnaîtront toutes leurs victimes : celles-ci les yeux éteints par les larmes; celles-là pâles, amaigries par la misére; d'autres, devenues cadavres, couchées dans la tombe, montreront leur main tachée de sang. Toutes les poursuivront de leurs plaintes, de leurs gémissements, de leur râle d'agonie.

.... Haletants, épouvantés, les chairs frissonnantes, en vain ils voudront fuir les horribles visions, en vain ils fermeront les yeux et se boucheront les oreilles, leurs victimes seront pour eux ce qu'ils ont été pour elles : impitoyables ! Et cela durera jusqu'au jour où, écrasés, fous de terreur et de repentir, ils tomberont à genoux, la face dans la poussière, et demanderont pardon à Dieu.

III

Il nous reste à parler des jugements rendus par les conseils de guerre. Les arrestations opérées à la suite de l'insurrection finirent par dépasser le chiffre de trente-huit mille individus environ, dont cinq mille militaires, huit cent cinquante femmes et six cents enfants de seize ans et au-dessous.

L'on peut se figurer aisément la confusion lamentable et les désordres qu'entraînait avec elle une pareille accumulation de personnes. Leur transportation en masse, après une vérification administrative sommaire, semblait le seul moyen d'en finir avec cet embarras et ce danger. Mais le Gouvernement et l'Assemblée nationale, se plaçant au-dessus des embarras et des passions du moment, voulurent punir sans hâte et sans faiblesse, et imprimer à la répression ce caractère inattaquable que la justice et la loi peuvent seules lui donner.

Les opérations judiciaires commencèrent à Versailles dans la première quinzaine de juin 1871, et se continuèrent jusqu'au 31 décembre 1874. Alors fut terminée l'œuvre entreprise à la chute de la Commune. Il n'avait pas fallu moins de vingt-deux conseils de guerre et de cent trente magistrats instructeurs pour arriver à ce résultat.

Nous ne pouvons examiner les jugements relatifs aux différentes catégories de coupables. Nous nous bornerons à rapporter avec quelque détail la décision concernant les individus que leur notoriété avait désignés plus particulièrement à l'attention de la justice.

C'étaient les seize membres de la Commune arrêtés à la fin de l'insurrection :

Ferré, — Assi, — Urbain, — Billioray, — Jourde, — Trinquet, — Champy, — Régère, — Rastoul, — Grousset, — Verdure, — Ferrat, — Descamps, — Joseph-Victor Clément, — Courbet, — Ulysse Parent.

Lullier, qui n'avait pas été membre de la Commune, mais dont le rôle avait été très-marqué pendant la lutte, fut compris dans la même affaire et jugé le même jour.

Le troisième conseil fut désigné pour juger cet important procès. Les développements matériels d'une pareille information étaient fort étendus et furent la cause des retards successifs apportés à l'ouverture des débats. Elle eut lieu à Versailles, le 7 août 1871, dans la salle du manége des Grandes-Écuries, en présence d'une affluence énorme de spectateurs de toutes les classes de la société.

Ce grand drame judiciaire, dont la presse officielle et la plupart des journaux français et étrangers publièrent le compte rendu, se déroula pendant vingt-trois séances.

Pendant vingt-trois jours, on put contempler tout ce que les batailles de la rue et la protection de l'étranger nous avaient laissé de la Commune. C'était un étalage de têtes sans relief, de profils vulgaires, de types cueillis pour la plupart dans les bas-fonds de la société. Un éclat de soleil, tombant sur ces visages incolores, les illumina successivement; on aurait dit que la justice promenait sur eux ce rayon implacable qui les forçait à baisser les yeux.

Nous aurions voulu que la France entière pût voir, face à face, ces tristes personnages qui ont, deux mois entiers, terrorisé Paris et stupéfié l'Europe. Avec quelle platitude ils ont osé renier leurs actes! Loups et renards n'étaient plus que des agneaux! Ils n'avaient rien préparé, rien ordonné, rien fait. Bons citoyens, excellents pères, fidèles époux, ils étaient honnêtes, scrupuleux, sobres, austères et chastes. On avait beau leur mettre sous les yeux ce qu'ils appelaient pompeusement leurs autographes, ils ricanaient, comme Ferré, devant l'expert.

Il n'est pas étonnant que ces conspirateurs de brasserie et de cabaret aient sans remords violé la liberté. Ils ne savent pas ce qu'elle est, car ils ignorent l'obligation qu'elle impose : la responsabilité, et ce qui constitue son plus noble attribut : la dignité.

Ces insulteurs de Dieu, ces détrousseurs d'églises, ces inventeurs de crimes, de tortures, de cadavres enfouis dans les cryptes et les souterrains; ces tueurs de prélats et de religieux avaient eu soin de ne pas dévorer toutes leurs proies. Ils en avaient gardé plusieurs pour qu'ils pussent les faire comparaître à l'audience; ils n'ont pas craint de citer comme témoins à décharge quantité d'abbés, de vicaires, de Frères, et d'implorer le secours de ceux qu'ils martyrisaient.

Et c'est pour ces gens-là, pour des traîtres aussi lâches que sanguinaires que le pauvre peuple de Paris a marché au combat; qu'on l'a fait passer des nuits, des semaines entières sur les remparts. C'est pour eux que, vaincu, il s'est replié sur la ville, de rue en rue, de maison en maison, laissant aux mains de la troupe le plus grand nombre des siens. C'est pour eux enfin qu'il est allé passer des mois, de longs mois sur les pontons et dans les forts, pour eux qui se moquaient bien de son courage et de sa virilité, pourvu qu'ils fussent certains de pouvoir se sauver.

Les défenseurs de la Commune avaient-ils au moins raison d'espérer qu'à l'heure suprême la plupart de ses membres iraient au combat, comme ils l'avaient promis tant de fois, et marcheraient à la mort? Pendant le siége des Prussiens, pas un n'avait montré ni courage, ni dignité. Ils n'avaient rien fait, rien voulu faire, rien osé faire, sinon se prélasser dans les clubs, tandis qu'à côté de ces marauds ténébreux on voyait des gens riches, heureux, qu'une jeune femme et de petits enfants attendaient, marcher au combat la tête haute, la poitrine découverte, et mourir en criant : « Vive la France ! » Et maintenant que tout est fini, le peuple de Paris croit encore à ces sinistres fantoches !

Une lettre, écrite de Brest, disait cependant : « On est éclairé ici sur la valeur des hommes qui nous ont fait battre jusqu'à la fureur, et qui, eux, poussaient la prudence jusqu'à l'infamie. »

Ce qui achève de confondre la raison, c'est que l'intérêt public se soit attaché à des hommes surpris le fer ou la torche à la main. Nous considérons comme sacrés tous ceux qui ont souffert et tous ceux qui ont combattu pour la

vérité et la justice : les gendarmes et les prêtres qui sont morts assassinés, les malheureux
que l'on a traqués pour les incorporer dans
l'armée du brigandage, les pères dont on a tué
les fils. Mais on ne peut sans dégradation morale aller jusqu'à dire que le respect dû aux
martyrs revient aux assassins. Il faut s'intéresser aux uns ou aux autres selon le sens moral dont on dispose; mais il ne faut pas s'a-
bandonner à un partage de sentiments qui, en
faisant injure aux victimes, relève le bourreau.

Certes, il y avait, dans les misérables condamnés par les conseils de guerre, des gens
dignes de commisération. Mais ce ne sont pas
ceux à qui d'ordinaire on s'intéresse; ils n'ont
rien de commun avec ces instituteurs déclassés,
ces hommes de lettres exaspérés, ces vaniteux
et ces prétentieux qui arborent comme un pa-
nache leurs rêveries politiques ou sociales. Il y
a peu de mérite à s'intéresser aux gens de cette
sorte, à parler des entraînements de la plume,
à prétendre qu'une fois lancé l'écrivain ne
s'arrête pas. Le couteau non plus, lorsque,
aiguisé par des hommes comme M. Rochefort,
il a commencé sa besogne, n'est pas toujours
maître de lui. Ce qui serait plus humain, ce
serait de donner sa pitié à ceux des accusés qui
vraiment n'ont pas eu le sentiment complet du

mal où on les entraînait, et qui ont cédé à la faim.

Voilà ce qu'ont paru ne pas comprendre les juges. Ils se sont montrés plus sévères envers les subalternes qu'envers les chefs. On a critiqué surtout l'arrêt rendu contre les membres de la Commune et qui condamnait :

Ferré et Lullier à la peine de mort, — neuf membres de la Commune à la déportation dans une enceinte fortifiée ou à la déportation simple, — deux aux travaux forcés à perpétuité, — Courbet à six mois de prison et cinq cents francs d'amende.

Descamps et Ulysse Parent étaient acquittés, alors que dans une autre salle on envoyait sur les pontons ou à la mort une tourbe obscure qui n'avait fait qu'obéir aux ordres de ces membres de la Commune.

IV

Cette inégalité devant la justice militaire, il faut la mettre tout entière sur le compte du Gouvernement. Les conseils de guerre étaient composés d'hommes qui avaient au plus haut point le sentiment de leur devoir et qu'aucune considération personnelle n'aurait pu influencer. Mais M. Thiers et ses ministres avaient admis en principe que l'on n'était pas coupable pour avoir fait partie de la Commune ; la culpabilité ressortait uniquement de la façon dont on s'y était conduit. Les passe-ports donnés à M. Beslay, à M. Theisz, prouvent clairement que la qualité de membre de la Commune n'impliquait aucune poursuite ni aucun châtiment. Le fait d'usurpation écarté, on choisissait parmi les usurpateurs.

Mais pourquoi le Gouvernement a-t-il imposé, car elle fut réellement imposée, cette singulière jurisprudence? On a expliqué cette pression du Pouvoir par le consentement qu'il avait donné aux élections communales. Mais il faut en chercher ailleurs la raison. Il y avait à cette époque dans le cabinet de M. Thiers trois ministres que plus d'un lien unissait aux hommes du 18 mars. Quand sa candidature était menacée par celle de Rochefort, M. Jules Favre avait promis aux gens de la Villette tout ce qu'ils pouvaient rêver ; M. Ernest Picard avait adhéré aux sottises de la *Lanterne;* et sans reprocher à M. Jules Simon son inscription sur les listes de l'Internationale, n'avait-il pas excusé précédemment tous les excès de plume et de parole?

M. Thiers eut la condescendance d'assumer,

dans une certaine mesure, la responsabilité du passé politique de ses ministres, et là se trouve, selon nous, la cause principale du 24 mai. La libération du pays une fois accomplie, la Chambre ne crut pas l'ordre public suffisamment protégé par un homme très-patriote sans doute, mais que compromettaient ses rapports et même ses engagements avec le parti avancé.

CHAPITRE VII

I

C'était hier que la Commune ensanglantait la capitale, et aujourd'hui les édifices abattus par elle sortent de leurs ruines plus splendides qu'autrefois, et semblent insulter à ceux qui les voulaient anéantir. Les blanches pierres ont remplacé celles que les siècles et la flamme avaient brunies, que les crimes des hommes avaient parfois souillées; les traces des Vandales sont effacées. La foule oublieuse ne se souvient plus ni des larmes ni du sang : elle rit, elle chante, elle danse, elle se couronne de fleurs, ainsi qu'elle faisait quand la mort, le deuil et la honte ensemble l'ont frappée.

Regardons sous ces fleurs, écoutons à travers ces chants. Le sol oscille encore... n'est-ce que la houle qui vient après la tempête, les dernières convulsions d'une crise effroyable?

ou le présage sinistre d'un nouvel orage? La Commune est morte, disait-on après sa chute, et ne reviendra plus. Il semblait, en effet, que son horrible fin allait rendre son retour à jamais impossible; et que, non-seulement en France, mais dans le monde entier, les socialistes s'empresseraient de désavouer les massacres et les incendies. Mais Paris brûlait encore que déjà, dans toute l'Europe, la plupart des sections de l'Internationale et un très-grand nombre de ses journaux proclamaient publiquement leur admiration et leur reconnaissance pour les incendiaires.

Un grand nombre de villes de France donna aussi son approbation à tous ces crimes, et à Paris même, le premier moment de stupeur passé, en marchant dans les rues incendiées, il suffisait de regarder le visage pervers et les yeux sanguinaires de la foule pour y lire ceci : « C'est à recommencer. » La population errait curieuse et gaie à travers les ruines, comme elle eût fait à Pompéi et à Herculanum, et le 8 juin, elle regardait passer le convoi des otages.

Combien de ceux qui ont brûlé Paris se promenaient au milieu de leur œuvre de destruction, l'admirant à raison même de son immensité, et tenant par la main leurs en-

fants, auxquels ils soufflaient tout bas le mot
de vengeance !

Ce sont là, nous le savons, des cris de rage
inspirés par la défaite. Les vaincus ont espéré
un instant toucher au triomphe ; la proie leur
a échappé lorsqu'ils croyaient la saisir. De là
la fureur de ces scélérats.

Mais depuis, l'apaisement ne s'est pas fait.

Voici quelques mots prononcés par les radicaux dans les clubs qui ont précédé les élections de 1876.

A la séance de la rue Berthe (XVIIIe arrondissement), le citoyen Clémenceau, candidat
radical, a dit à son auditoire :

« Le clergé doit apprendre qu'il faut rendre
à César ce qui est à César... et que tout est à
César. »

Ce n'est pas au clergé, qui ne possède rien,
que M. Clémenceau adressait ce verset de l'évangile communeux, mais aux capitalistes et
aux propriétaires.

Mais pour que tout soit rendu au peuple-
César, il faut briser la seule chose qui maintienne encore la justice parmi les hommes : la
religion. C'est ce qu'a compris un électeur du
XVIIe arrondissement, excité par les calomnies
de M. Lockroy contre le catholicisme, ce farouche partisan s'est écrié : *Faut l'briser!*

Ce mot pâlit cependant devant celui-ci, prononcé par un autre électeur dans une réunion tenue rue Saint-Antoine : « Il y a des gens qui disent que l'heure des difficultés est passée : c'est inexact ; la lutte à outrance et incomparable commencera dans trois mois ; il faut pour la soutenir des hommes de 93. »

Mais rien n'égale la violence de l'*Égalité* de Genève contre les auteurs du 16 mai et leurs partisans.

Voici les promesses que lui inspire l'espoir d'un prochain triomphe :

« Vous verrez redresser un matin et pour vous toutes les potences de Montfaucon.

« Mais ce sera place de la Concorde.

« Aux gibets énormes, où s'accrochaient jadis ces misérables indignes de la hache et du bourreau, on vous accrochera.

« Et vous serez là, pendus, la face convulsive, la langue grosse, toute bleuie, et les yeux jaillissants.

« Et vous y serez nuit et jour, au soleil, à la pluie, jusqu'à la pourriture de votre sale cadavre, qui, lambeau par lambeau, s'en ira dans la poussière et dans la boue de la place publique.

« Nous irons trouver aussi vos enfants et vos femmes.

« Et nous les amènerons sous les potences. Et sous vos cadavres nous les ferons danser. Et ils danseront en mesure, car c'est nous qui la battrons, la mesure, avec nos cravaches, sur leurs épaules.

« L'orchestre, ce seront deux millions de voix criant à l'unisson :

« *Voilà la justice de Paris* vengé. »

Ces excitations rapprochées du langage et du geste sinistre de M. Bonnet-Duverdier à la réunion de Saint-Denis, et d'autres faits très-graves que le Gouvernement n'ignore sans doute pas, trahissent l'existence d'une vaste conspiration démagogique qui s'étend d'un bout de l'Europe à l'autre.

Tout le monde sait qu'il n'est pas en France une bourgade qui ne soit polluée de dévergondages parlés, pervertie par un chef affilié aux fédérations ouvrières de Paris. En Allemagne, le Chancelier de l'Empire porte la condescendance jusqu'à parlementer avec l'Internationale ; en Italie les socialistes congressent ; à Genève, ils pontifient ; à Londres, ils résident et ils intriguent. Partout ce pouvoir turbulent agit ou se réserve, comme il l'a fait naguère pendant le siége des Prussiens, en vue d'éventualités ténébreuses ou désespérantes.

II

A quoi aboutira cette coalition de haines et
et d'appétits qui, comme une noire marée de
barbarie, commence à couvrir le sol de Saint-
Pétersbourg à Madrid?

Nous ne craignons pas de nous tromper en
affirmant hautement qu'elle se manifesterait par
de nouveaux crimes, si quelque acte violent, si
une guerre extérieure ou une révolution intérieure ouvrait la lice aux passions déchaînées.

Mais que les ouvriers le sachent bien, ja
mais guerre sociale ne supprimera la propriété;
elle ne fera que la déplacer au profit d'autres
possesseurs, avec des inconvénients analogues :
des gens s'enrichiront qui étaient pauvres, des
familles périront qui étaient florissantes; les
lois de l'équité, du travail, de l'économie, des
droits individuels, tout ce qui fait l'honneur, la
force et la richesse de l'humanité, seront encore une fois violées; la scélératesse humaine
s'étalera de nouveau, cynique, atroce; on re-
verra les calamiteuses hétacombes de la Commune, ses effroyables folies de meurtre et
de carnage, ses rouges embrasements où le
sang se mêlera aux flammes, et l'éclair des

armes à la colère des cieux ; mais la situation de l'ouvrier n'en sera pas changée : il n'a jamais rien gagné aux révolutions.

C'est un fait élucidé par l'histoire aussi bien que par la science économique et la politique pure : toutes les révolutions soi-disant sociales n'ont abouti qu'à un grand et épouvantable néant. Entasser dans les ossuaires des quantités effrayantes de cendres humaines, dévaster plus ou moins profondément des contrées fertiles, déplacer sans cesse la civilisation : tel fut toujours leur unique résultat.

CONCLUSION

Témoin de ce que souffre la France à la tête
et au cœur pour avoir oublié les horribles
coups du matérialisme révolutionnaire, nous
avons voulu les rappeler à l'âme indignée de
tous les honnêtes gens.

Au lieu de tourner prématurément leurs regards vers les régions de cet avenir qui s'appelle : République définitive ou monarchie
constitutionnelle, branche aînée ou branche
cadette, restauration de la dynastie impériale,
ils doivent s'appliquer obstinément à médi-
ter les enseignements reçus à l'heure fatale où
la fortune de la France a failli sombrer sous
les coups de l'anarchie: Les sinistres figures
entrevues à la lueur des incendies de la Commune de Paris, voilà quels fantômes trop réels
doivent les obséder sans cesse.

Pour tenir tête à ces ennemis implacables
sortis du milieu de nos décombres, ce n'est
pas trop de l'union de tous les hommes d'ordre
à la veille des élections.

Cette union repose sur un pacte dont il n'est permis à aucun des groupes conservateurs de répudier les obligations. Il faut qu'elle existe et qu'elle soit maintenue. Il le faut pour le salut du pays et pour l'honneur de tous les partis. Il le faut pour le salut du pays, car la défaite des conservateurs serait la victoire du radicalisme, c'est-à-dire la perte de la France. L'honneur des partis est engagé vis-à-vis du maréchal qui a compté sur l'appui de tous; l'abandonner au moment de la bataille serait une trahison. Quelque étrangers qu'ils soient au 16 mai, ils ont promis au maréchal un concours loyal sur le terrain de la Constitution revisable jusqu'en 1880. Ils ne doivent sous aucun prétexte manquer à cet engagement.

Aujourd'hui un seul drapeau doit rester debout: celui du maréchal-président de la République, représentant le pays légal, le pays à la fois conservateur et libéral, qui veut la plus large dose de liberté compatible avec l'autorité; le pays travailleur, qui réclame l'ordre à l'intérieur et la paix au dehors, afin de pouvoir marcher sûrement dans la voie de tous les progrès.

TABLE DES MATIÈRES

PREMIÈRE PARTIE.

ORIGINES ET DÉBUTS DE LA COMMUNE.

DEUXIÈME PARTIE.

RÈGNE DE LA COMMUNE.

TROISIÈME PARTIE.

CHUTE DE LA COMMUNE.

FIN DE LA TABLE.

19971. — Typographie Lahure rue de Fleurus, 9, à Paris.